그래서 **동물권**이 뭐예요?

초등 교과 연계

전학년	동물복지교육
국어	3학년 1학기 9. 어떤 내용일까 | 3학년 2학기 3. 내용을 간추려 보아요
	4학년 1학기 1. 생각과 느낌을 나누어요 | 4학년 2학기 4. 글 속의 생각을 찾아
	5학년 1학기 4. 작품에 대한 생각 | 5학년 2학기 9. 다양하게 읽어요
	6학년 1학기 2. 다양한 관점 | 6학년 2학기 9. 생각과 논리
사회	4학년 2학기 2. 사회 변화와 우리 생활
	6학년 2학기 4. 변화하는 세계 속의 우리

일러두기

- 외국 지명과 인명 등은 국립국어원의 외래어 표기법을 따르되 관용적인 표기와 동떨어진 경우 절충하여 관례에 따랐습니다.
- 본문에 사용한 사진은 대부분 저작권이 소멸된 것이나, 일부는 저작권자 확인 불가로 부득이하게 허가를 받지 못하고 사용하였습니다. 추후 저작권이 확인되는 대로 적법한 절차에 따라 저작권료를 지불하겠습니다.

궁금한 + 이야기

그래서
동물권이
뭐예요?

이정화 글
이동연 그림

이정화 글
이동연 그림

서유재

여는 말

지구의 또 다른 주인들

아주 먼 옛날, 그러니까 지구에 아직 사람이 없었을 때 얘기야. 그때 생태계의 가장 높은 자리는 동물들 차지였어. 코끼리처럼 몸집이 크거나 사자, 호랑이처럼 힘센 동물들은 무서울 게 없었지.

오랜 세월이 흘러 드디어 동물들의 세계에 사람이 등장했어. 처음에 동물들은 사람이 나타난 걸 잘 몰랐을 거야. 사람은 침팬지처럼 나무 열매를 따 먹고, 바스락 소리에도 놀라 숨었을 테니까. 그때는 그럴 수밖에 없었어. 사람은 치타처럼 빨리 달릴 수도 없고, 호랑이처럼 날카로운 이빨이나 동물을 쓰러뜨릴 만큼 힘센 발도 없는데 어쩌겠어.

하지만 시간이 지나면서 사람과 동물의 관계가 조금씩 달라졌어. 사람이 동물을 사냥하기 시작했거든. 처음에는 토끼처럼 작은 동물도 겨우 잡는 정도였지만 시간이 흐르면서 돌도끼나 창 같은 사냥 도구를 만들고 여럿이 힘을 합쳐 매머드나 멧돼지처럼 덩치 큰 동물도 잡기 시작했어. 물론 혼자 있을 때는 여전히 맹수에게 먹잇감이 되기 쉬웠지만 무리를 이루면 결코 만만하지 않은 적수가 되었지. 이렇게 서로 먹고 먹히던 사람과 동물의 관계는 수백만

년 동안 이어졌단다.

　마침내 사람과 동물의 관계가 뒤집히는 때가 왔어. 사람이 동물을 길들이고 기르기 시작하면서부터였지. 사람이 제일 먼저 길들인 동물은 개야. 개는 빨리 달릴 수 있고 튼튼한 이빨을 가져서 사냥에 큰 도움이 되었어.

　사람들은 다른 동물들도 잡아서 길러 보기 시작했어. 개와 비슷한 시기인 약 1만 2천 년 전부터 소를 길들이기 시작했고, 돼지는 약 8천 년, 닭은 약 4천 년 전부터 길들였다고 해. 오랜 세월 동안 야생에서 살던 동물을 길들이는 일은 쉽지 않았지만 결국 소, 돼지를 비롯한 여러 동물들이 사람이 만든 울타리 안에서 살게 되었지. 가축을 기르고 농사까지 짓게 되자 사람들의 생활은 확 달라졌단다.

　동물들이 사람들의 생활을 더 낫게 하려고 먼저 두 발 벗고 나선 것은 아니지만 결과적으로 동물을 '이용'하는 일이 사람들에게는 엄청난 도움이 되었어.

　지금부터 그 동물들의 이야기를 해 볼 거야. 다양한 동물들이 지나온 이야기를 읽으며 앞으로 어떻게 더불어 살아갈 수 있을지 함께 생각해 보기로 하자.

차례

여는 말
지구의 또 다른 주인들 · 4

알렉산드로스의
코끼리 병사들
전쟁과 동물
• 9

싸우고 싶지 않아!
오락과 동물
• 21

가족입니다
반려동물과 유기동물
• 33

모두 어디로 갔을까?
멸종 동물
• 47

살아 있어요
사고파는 동물
• 61

우리도 아프다고요!
실험실 동물
• 75

푸아그라의 비밀
식용 사육 동물
• 87

나의 살던 고향은
동물원 동물
• 101

닫는 말
모든 생명은 평등하다 · 112

알렉산드로스의 코끼리 병사들

전쟁과 동물

코끼리는 육지에 사는 동물 중에서 몸집이 가장 크단다. 덩치로는 누구도 따라갈 수 없지. 코끼리는 하루에 약 300킬로그램에 달하는 먹이와 100리터 정도의 물을 마셔. 한 장소에서는 그렇게 많은 먹이와 물을 찾기 어려워서 하루 종일 여기저기 돌아다녀야 해. 정해진 장소에 붙잡아 두기 쉽지 않다는 뜻이야. 하지만 기억력이 좋고 순한 편이라 다른 동물들에 비해 길들이기가 쉬워. 덩치가 큰 만큼 힘도 세서 사람들은 코끼리를 짐 나르는 일을 시키거나 서커스 공연에 등장시키기도 했어. 적군을 겁주는 무기로 이용한 적도 여러 번이야. 코끼리와 전쟁, 괜찮았을까?

　자, 천천히 한번 상상해 봐. 지금 여긴 전쟁터야. 멀리서 엄청난 수의 병사들이 쳐들어오고 있어. 지진이라도 난 걸까? 땅까지 흔들리기 시작해. 쿵쿵 바위가 굴러떨어지는 것 같은 소리도 들리고 누런 먼지가 구름처럼 피어오르는 것을 보니 지진도 보통 지진은 아닌 것 같아.

　바로 코끼리들 때문이었어. 코끼리 200여 마리가 줄과 열을 맞춰 달려온다면 어떨 것 같아? 나라면 공포에 질려 비명도 못 지르고 얼음이 되어 버릴 거야.

　바로 그런 전쟁이 지금으로부터 2400여 년 전인 기원전 326년에 있었어. 지금의 인도 근처 지역이었지.

　"그리스, 터키, 페르시아까지, 도대체 우리 왕은 어디까지 영토를 넓힐 생각일까?"

　"이길 수 없는 전쟁 영웅을 만날 때까지는 어디라도 가실걸."

　"당연하지!"

　그리스 북부의 '마케도니아' 왕국을 이끄는 알렉산드로스 대왕 이야기야. 알렉산드로스는 주변 나라들을 정복하며 아시아 대륙까지 건너가 무서운 속도로 영토를 넓혀 가는 중이었지.

알렉산드로스군의 공격에 맞선 군대는 포루스왕이 이끄는 인도군이었어. 인도군에게는 오랜 시간을 들여 준비해 온 일급비밀 무기가 있었어. 바로 코끼리였지. 큰 몸집으로 적들의 한가운데를 파고들어 가 상대편 병사들을 발로 밟거나 코로 감아 재빨리 처치했으니까. 인도 병사들은 10년 동안 훈련시킨 200여 마리의 코끼리 부대가 전쟁을 승리로 이끌어 줄 거라고 철석같이 믿었어.

전쟁의 결과는 어땠을까? 코끼리 부대를 앞세운 인도군이 우세했을까? 아니면 기마병을 앞세운 알렉산드로스 쪽의 승리로 끝이 났을까?

인도군과 알렉산드로스군이 마주 보고 있어. 언제 어떻게 공격할까 고민하던 알렉산드로스는 거대한 폭풍우가 몰아닥치는 가운데 병사들에게 공격 명령을 내렸지. 아직 코끼리 부대는 보이지 않았어. 그사이 알렉산드로스군은 몇 개의 부대로 갈라져 소나기보다 세차게 화살을 퍼부어 대며 인도군을 공격했지.

포루스왕은 전투가 벌어지는 쪽으로 코끼리 부대를 보냈어.

"괴물이다!"

"저, 저게 뭐야?"

"조심해 저 발에 깔리면 죽음이야!"

알렉산드로스의 병사 대부분은 코끼리라는 동물을 본 적도 없었어. 자신보다 몇 배는 큰 몸집의 동물을 보고 얼마나 놀랐을까? 산이 통째로 다가오는 것처럼 느껴지지 않았을까?

병사들만큼이나 놀란 건 마케도니아의 기병을 태우고 있던 말들이었지. 말들은 커다란 몸집의 코끼리가 엄청난 수로 떼 지어 오는 것을 보고 놀라 이리저리 날뛰면서 울어 대고 난리가 났어.

하지만 그렇게 쉽게 무너질 알렉산드로스가 아니었어. 재빨리 대책을 찾아냈지. 말 탄 병사들을 코끼리가 안 보이는 곳으로 움직이게 했어. 그제야 말들도 좀 진정되었지.

기세는 다시 마케도니아 쪽으로 기울었어. 어이없게도 알렉산드로스군이 승리하는 데 도움을 준 건 바로 인도군의 코끼리들이야. 마케도니아 군대가 좌우에서 포위망을 좁혀 오자 당황한 코끼리들이 우왕좌왕하며 같은 편인 인도군도 공격했거든. 창이나 칼에 찔리니 아프고 병사들의 고함과 비명에 놀라기도 했겠지. 게다가 알렉산드로스 쪽 병사들이 코끼리들의 눈을 집중적으로 공격하자 화가 난 코끼리들이 큰 몸을 뒤틀며 사방으로 날뛰었어. 알렉산드로스군과 인도군 모두 넓적한 코끼리의 발에 무자비하게 밟혀 쓰러졌지.

이때를 놓치지 않고 알렉산드로스군의 기병대가 다시 나섰어. 기마병은 도망치느라 정신없는 인도군을 더 강하게 공격했지. 결국 마케도니아군이 몇 배나 더 많은 병력을 가진 인도군을 완전히 무너뜨리며 전쟁은 끝이 났어.

세계대전에 등장한 동물들

제1, 2차 세계대전 때도 코끼리는 전쟁터에서 종종 이용되었어. 당시 사람들은 코끼리가 놀라면 달아나고 화가 나면 앞뒤 가리지 않고 날뛰기 때문에 전투 병사로는 어울리지 않는다는 것을 이미 알고 있었지. 그래도 코끼리의 강한 힘까지 포기할 수는 없었어. 제1차 세계대전 때는 동물원에 있던 코끼리를 데려다 운송병으로 이용했어. 제2차 세계대전 때도 연합군, 일본군 할 것 없이 코끼리를 끌고 가 무거운 짐도 나르게 하고 큰 덩치로 적군을 겁주게 하기도 했지.

전쟁에서 코끼리를 이용했다는 사실을 알고 보니 궁금한 게 있어. 다른 동물들도 전쟁에 이용되었을까 하는 거야. 어떨 것 같아?

아주아주 오래전부터 사람들은 전쟁터에서 말을 탔어. 말 탄 병사들을 기마병이라고 부르는데 그중에서도 13세기 몽골, 칭기즈칸 부대의 말은 놀랄 만큼 빠른 속도로 유명하지. 변방의 유목민이었던 몽골이 세계 역사상 깜짝 놀랄 만큼 넓은 영토를 정복하고 대제국을 세울 수 있었던 건 바로 말 덕분이었다고 해도 과언이 아니야. 사실 기마병은 몽골군뿐만 아니라 현대적인 무

제2차 세계대전에 동원된 코끼리야. 인도에서 영국 해군 항공대의 정찰용 수륙양용기를 끄는 중이란다.

기가 발달하기 전까지 많은 군대에 동원되어 큰 역할을 했어.

총이나 대포 같은 무기를 사용하는 현대 전쟁에서도 동물들이 이용되었어. 제2차 세계대전 당시 소련군의 '폭탄 개'처럼 말이야.

"개들 몸에 폭탄을 둘러 내보낸 다음 독일군 전차 밑으로 들어가게 해 폭발시키는 방식입니다."

"개 한 마리를 이용해 거대한 전차를 폭파시킬 수 있다니 그것 참 좋은 생각이군."

전쟁터에서 종종 보이는, 통신문이나 의약품을 수송하는 개라고 생각하며 무심히 보던 독일군은 기절초풍했지.

2차 세계대전 당시 미국에서도 기상천외한 폭탄을 연구했어. 이름 하여 '박쥐 폭탄'이야. 여러 마리 박쥐의 몸에 폭탄을 매달아서 커다란 통 안에 가둬 두

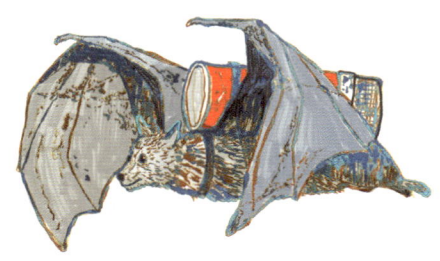

는 무기야. 박쥐가 들어 있는 통은 폭격기에 실려 가 적국 영토에 떨어지지. 용기가 땅에 떨어지고 뚜껑이 열리면 박쥐들이 밖으로 나와 여기저기 날아가겠지. 박쥐들이 날아간 곳곳에서 몸에 붙어 있던 폭탄이 펑 터지는 거야. 적군이나 박쥐들이나 자초지종도 모르고 당하게 되겠지.

다행인 건 박쥐 폭탄 연구는 중단되고 실전에 투입된 적은 없었대.

전쟁의 승리를 위해, 인간의 희생을 줄이기 위해 이용된 동물들······.

인간의 목숨을 지킨다는 이유로 동물들 목숨은 마구 희생시켜도 되는 걸까?

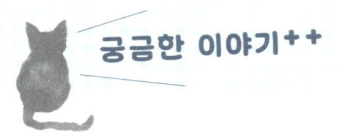 궁금한 이야기⁺⁺

사람들은 왜 전쟁을 시작했을까?

아주 오래전부터 사람들은 전쟁을 했을 거라고 해. 지금도 세계 곳곳에서 다양한 이유로 전쟁을 벌이고 있어. 옛날에 일어났던 전쟁은 주로 상대방의 영토를 빼앗아 내 것으로 만들기 위한 거였어. 그래야 더 넓은 땅에서 농사지어 배불리 먹을 수 있고 그곳에서 살던 사람들을 포로로 잡아 노예로 부릴 수도 있거든. 전쟁을 할 때면 사람들은 가능한 자기편의 피해는 줄이고 단번에 적군을 물리치는 방법을 찾아내려 애썼지. 그 과정에서 코끼리를 비롯해 다양한 동물들이 이용된 거란다.

알렉산드로스 황제가 탄생시킨 헬레니즘 문화

알렉산드로스는 마케도니아의 왕자로 태어나 서른세 살의 나이로 죽을 때까지 전쟁을 멈추지 않았어. 그 결과 그리스, 페르시아를 거쳐 인도 근처까지 정복하며 대제국을 건설했지.

영토를 넓혀 가는 과정에서 알렉산드로스는 그리스 문화와 정복 지역인 '오리엔트'의 문화가 합쳐지면 좋겠다고 생각했어. 그래서 정복한 지역의 문화를 인정할 뿐만 아니라 많은 그리스인들을 그곳에서 살게 해 자연스레 두 문화가 섞이도록 했지. 그렇게 만들어진 문화가 바로 헬레니즘 문화란다. 헬레니즘 문화가 인도로 전파되어 새로 만들어

알렉산드로스 황제의 모습이 담긴 100년경의 모자이크 작품이야. 페르시아의 대군을 격파한 '이수스 전투'를 표현했지.

진 미술 양식을 '간다라 미술'이라고 하는데 멀리 떨어져 있는 동아시아까지도 전해졌지. 우리나라의 석굴암에 있는 불상도 간다라 양식으로 만들어진 불상이야.

동물들은 어떤 훈련을 받을까?

동물들을 훈련시킬 때는 대부분 채찍이나 호루라기, 먹이 등을 이용하여 사람이 원하는 행동을 하도록 반복적으로 훈련시켜. 오랑우탄이나 침팬지 같은 유인원은 5살 아이 정도의 지능을 가져서 다른 동물에 비해 빨리 배우는 편이지. 앵무새를 비롯한 새들은 색깔을 구별할 수 있어서 훈련사들은 매번 동일한 색으로 옷을 입는 게 좋아. 그래야 같은 훈련사임을 알아볼 수 있겠지? 충성심 높은 개의 경우 훈련사가 리더십을 보여 줘야 말을 더 잘 들어.

코끼리처럼 사회성이 높은 동물들은 장난감을 주거나 넓은 공간에서 지내게 하는 등 좋은 환경을 만들어 줘야 해. 하지만 대부분의 코끼리들은 견디기 힘든 방법으로 훈련을 받아. 특히 태국 북부 지방에서는 '파잔'이라는 방식으로 어린 코끼리를 훈련시키지. 파잔은 어미에게서 떼어 낸 새끼 코끼리를 움직일 수 없을 만큼 좁은 울타리 안에 밀어 넣는 방식이야. 쇠꼬챙이로 코끼리의 정수리와 귀 뒷부분을 찌르고 때려서 조련사만 보면 꼼짝 못하게 만들지. 3~4일 훈련을 받는 사이 어린 코끼리 절반 이상이 죽거나 정신병에 걸린단다. 이 과정을 마친 코끼리들은 서커스 무대에 오르거나 관광객들을 등에 태우고 산책하는 일에 동원돼.

"친구를 찾습니다"

난 독서를 좋아하고 게임을 독서보다 백배는 더 좋아하는 초등학교 5학년 남학생이야.

지난주에 나는 꿈이 바뀌는 큰 사건을 겪었어. 학교에서 열리는 토론 대회 준비를 하다가 폭탄이 되어 버린 개 이야기를 읽었거든. 바퀴벌레만 빼고는 공룡부터 무당벌레까지 곤충박사, 동물박사인 나는 좋아하는 게 한 가지 더 있는데 그건 바로 전쟁이야. 전쟁에 사용된 무기에 관심이 많아서 장래 희망도 무기 공학자가 되는 것이었어. '폭탄 개'이야기를 알게 되기 전까지 말이야.

제2차 세계대전 때 소련군은 독일군 전차를 공격해 폭파시킬 방법을 찾다가 개를 이용하기로 했대. 옆구리에 폭탄 주머니를 묶은 개가 독일군 전차 밑으로 달려가는 거야. 몇 초 후, '펑!' 폭발과 함께 독일군 전차도 개도 끝장나는 거지.

소련군은 독일군 전차나 트랙터의 엔진을 작동시켜 둔 다음 그 밑에 먹이를 놓아두고 개가 엔진 밑으로 기어 들어가 먹이를 주워 먹으면 칭찬을 해 주었대. 그렇게 훈련이 된 개들은 엔진 소리를 들으면 먹이를 떠올리고 달려가겠지.

다행히 폭탄 개 작전은 곧 폐기되었대. 소련 전차 소리에 익숙한 개들이 독일군 전차가 아니라 소련군 전차 밑으로 기어 들어가거나 전쟁통에 놀라 이리저리 뛰어다니며 오히려 아군에게 피해를 주는 일이 생겼기 때문이야. 독일군이 눈치를 채고 눈에 띄는 대로 개에게 총을 쏘아 죽이기도 했어. 작전을 진행하든 안 하든 개들만 죽어 간 거지.

난 그 자료를 읽은 순간 무기 공학자 꿈은 버리고 동물을 보호하는 일을 하겠다고 결심했어. 무기나 실험에 동물이 이용되지 않도록 있는 힘껏 노력할 거야. 혹시 내 편지를 읽고 동물 보호에 관심이 생긴 사람들은 나랑 친구하자! 연락 기다릴게!

미래의 동물보호가 친구가

싸우고 싶지 않아!

오락과 동물

소는 고기와 우유를 얻거나 일을 시킬 목적으로 아주 오래전부터 가축으로 길들여 키운 동물이야. 고기를 얻으려는 목적으로 키우는 소 중 수컷 소는 육질을 부드럽게 하기 위해 새끼를 낳을 수 없도록 수술을 해.

많지는 않지만 사람과 한판 승부를 벌이는 투우에 이용하려고 키우는 소도 있지. 투우소들이라고 안락하게 살아가는 건 아니야. 사람들이 열광하도록 야성을 기르는 혹독한 훈련을 받거든.

소뿐만 아니라 사자, 개 등 다양한 동물이 오래전부터 사람들의 놀잇감이 되어 왔단다. 사람들의 환호와 박수 속에서 주인공 아닌 주인공이 된 동물들은 어떤 마음일까?

　1세기경, 그러니까 지금으로부터 약 2000년쯤 전으로 거슬러 올라가 볼까? 당시 유럽 땅 대부분은 고대 로마 제국이 점령하고 있었어. 기원전 753년에 세워진 로마는 기원전 5세기경부터 지중해를 앞마당 삼아 북아프리카, 아시아까지 야금야금 정복해 갔지. 로마의 통치자들은 로마 제국의 위대함을 과시하기 위해 정복지에서 잡은 동물들을 데려와 사람들의 놀잇감으로 삼았어.

　고대 아프리카 북동부에 위치한 누비아 지역의 하마, 코끼리, 서아시아 근처에서 온 타조, 코뿔소, 기린 등 동물의 종류도 다양했어. 관중들에게 인기 있던 동물 중에는 말처럼 고삐를 달고 전차를 끈 표범도 있었고, 기다란 코를 붓 삼아 땅바닥에다 글씨를 써 박수와 환호를 받은 코끼리도 있었지.

　로마에 새로 완공된 경기장인 콜로세움으로 가 볼까?

　콜로세움에서는 검투사들의 결투가 사람들의 즐거운 놀잇감이 되었어. 칼로 상대를 상처 입히거나 죽일 수도 있는 결투를 지금으로 치면 축구 경기나 야구 경기처럼 즐긴 셈이야.

　당시 검투사들은 대부분 노예이거나 전쟁에서 잡혀 온 포로들이었어. 그래서인지 결투를 구경하는 로마 사람들은 검투사의 죽음에 별 관심이 없었어. 때로는 결투가 마음에 안 든다며 살아 있는 검투사를 죽이라는 요청이 관중

검투사와 맹수의 경기를 표현한 4세기경의 모자이크 작품이야. 현재 로마 보르게세 미술관에 전시되어 있지.

석에서 쏟아지곤 했지.

사람들은 인간들의 결투뿐 아니라 동물과 동물, 동물과 인간의 결투도 구경했어. 검투사와 맹수가 싸우는 경기는 검투사끼리의 결투 이상으로 인기가 많았어.

"갑옷도 안 입고 방패도 없이 저렇게 작은 칼 하나로 사자와 싸우게 하는 건 좀 심한데."

"걱정 마. 진정한 검투사라면 곰, 사자, 표범을 한 번 결투로 다 죽일 수 있어야지."

검투사 중에는 전문적으로 맹수와 결투를 하는 검투사가 있을 정도였어. 로마의 황제이면서 검투사로도 이름을 날린 코모두스도 각종 맹수들과 결투

해 이름을 날렸대. 하지만 맹수가 승리하는 경우도 많았다니까 수많은 검투사가 맹수의 앞발이나 이빨에 목숨을 잃었을 거야. 더 위험하고 긴장감 넘치는 결투가 되도록 맹수에게 생고기를 먹여 기운을 북돋은 다음 경기장으로 내보내기도 했대.

투우도 동물과 사람의 결투 중 하나란다. 소와 인간의 결투인 투우는 에스파냐를 비롯해 포르투갈이나 남아메리카 지역에서도 즐기던 전통문화였어. 그러다 18세기 이후 오늘날과 같은 형태로 대중화되어 스페인을 중심으로 많은 투우 경기가 벌어졌고 지금도 이어지고 있지. 많을 때는 스페인에만 400개나 되는 투우장이 생겨날 정도였어.

투우를 직접 본 친구들은 많지 않겠지만 텔레비전이나 사진 자료는 많이들 봤을 거야. 화려한 옷에 근사한 모자를 쓴 투우사가 빨간 망토를 휘두르며 황소를 흥분시키는 장면, 흥분한 황소가 덤벼들 때 창을 던져 황소를 찌르는 모습 말이야.

투우사는 빨간 망토를 이리저리 흔들며 소를 흥분시켜. 흥분한 소가 자신을 향해 달려들게 하면서 요리조리 도망 다니지. 그러다 황소의 목이나 어깨에 작살을 꽂아 소를 쓰러뜨려. 투우사의 보조자가 말을 타고 등장해 창으로 소를 찌르는 투우도 있고 포르투갈 투우처럼 황소를 죽이지 않는 투우도 있어. 일반적인 투우는 사람들이 경기를 지켜보는 가운데 황소를 죽이는 것으로 끝나. 황소와 투우사의 경기가 훌륭했다고 관중들이 인정할 때는 투우사가 죽은 황소의 귀와 꼬리를 상으로 받기도 해.

투우에는 공격 성향이 강한 황소를 주로 동원해. 사람에 맞서 생사를 넘나들 만큼 긴장감 있게 대결을 벌여야 하기 때문이야. 투우가 오랜 세월 인기를 누리면서 투우소를 사육하는 사람들은 황소의 공격성을 더 강하게 만들었어. 커다란 눈망울에 순둥이 같은 모습으로 사람을 반기는 황소보다는 콧김을 푹푹 내뿜으며 무섭게 달려드는 황소를 물리치는 투우사가 훨씬 근사해 보였으니까. 씩씩대는 황소와 한판 대결을 벌이는 투우사의 모습을 보려고 수많은 관광객이 몰려들었지.

투우는 투우사에게도 위험한 게임이지만 황소에게도 목숨이 달린 큰일이야. 평범한 황소와는 다른 삶을 살아야 하는 것은 물론이고 끔찍한 죽음으로 끝나기 십상이니까. 사람들의 환호와 박수 속에서 투우사의 창에 찔려 죽어 가는 황소는 어떤 생각을 할까?

그만 싸우게 해 주세요

사람들이 즐기는 동물들의 결투에는 투우 말고도 개끼리 싸우는 투견, 닭들의 싸움인 투계 등 종류가 다양해. 동물의 습성이나 성향은 전혀 고려하지 않고 싸움이 가능한 동물이면 결투를 시켜 오락거리로 삼은 거야.

개들이 싸우는 투견 관련 기사는 심심찮게 뉴스에 등장하곤 해. 투견은 대부분 시골에 있는 농장에서 이루어지는데 개들이 목숨 걸고 결투하는 것을 보며 사람들은 어떤 개가 이길까를 두고 도박을 해. 싸움을 관람하면서 환호성을 지르며 한쪽을 응원하거나 다른 개를 물라고 소리치며 즐기기도 하지. 숨이 차고 아파서 쓰러질 것 같아도 개들은 싸움을 멈출 수가 없어.

"제발 그만 싸우게 해 주세요."

"피 흘리며 싸우지 않고 살고 싶어요."

투견용으로 키워지는 개들은 마음대로 멈출 수도 없는 러닝머신 위에서 계속 달리는 훈련을 하기도 해. 투견장에서는 함께 자란 동료 개라도 물어 죽여야 하고. 그렇지 않으면 자신이 죽게 되니 그만두고 싶다고 그만둘 수도 없지.

　투우나 투견 등 동물들의 결투는 정작 '링' 위에 오르는 동물들에게는 아무 이득이 없어. 경기장에서 싸우는 동물들이 맛난 음식 먹으며 안락한 생활을 하는 것도 아니야. 사람들은 출전을 앞둔 개들을 오랫동안 굶기다가 우리 안으로 작은 개를 넣어. 물어뜯는 연습을 시키기 위해서야. 더 무섭고 강하게 싸우려면 평소에도 어느 정도 공격성을 유지시켜 언제든 폭발할 준비가 돼 있어야 하거든.

동물들의 싸움을 보며 이렇게 말하는 친구들도 있을 거야.

"인간의 결투보다는 동물들이 싸우게 하는 게 더 낫잖아요?"

물론 사람들을 싸우게 하고 다치게 하는 것이 옳지 않음은 두말할 필요도 없지. 그렇다고 동물들을 죽음으로 내모는 경기는 괜찮은 걸까?

인간의 말을 할 수 있는 동물이 있다면 동물들의 싸움을 보며 뭐라고 말할까?

"우리 동물들이 인간의 삶을 위한 도구가 되기 위해 태어난 건 아니에요"라고 할까?

"동물은 인간을 위해 존재하는 거예요. 마음껏 이용하세요"라고 할까?

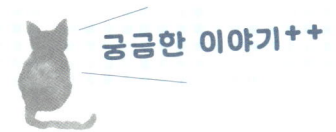 궁금한 이야기⁺⁺

사람들은 왜 노는 걸까?

사람은 누구나 여러 가지 활동을 하며 살아가. 대부분의 사람들은 직장 생활이나 공부 등 여러 '일'을 하며 돈을 벌어 의식주를 해결하는데 이런 일들은 하기 싫어도 참고 해야 할 때가 많아. 그래서 사람들은 일하는 틈틈이 재미나 만족을 느끼기 위해 다양한 놀이를 해. 어른들은 노는 시간을 보내며 일로 인한 피로와 스트레스를 해소한단다. 어린이들은 놀이를 통해 재미를 맛보는 것은 물론 다른 사람과 어울려 지내는 사회화 훈련을 경험하지. 그러니 공부도 중요하지만 잘 노는 것도 중요하겠지?

로마는 어떤 나라였을까?

로마는 기원전 8세기경 이탈리아 티베르강 하류 지역에 세워진 도시 국가에서 시작했어. 집정관과 원로원이 권력을 분배해 나라를 다스리는 공화국이 되었다가 황제가 다스리는 제국이 되었지. 이후 4세기에 동·서로 나뉘었는데 서로마는 얼마 안 돼

고대 로마의 대표적인 유적인 콜로세움은 약 5만 명의 관객을 수용할 수 있는 원형 경기장이야. 시합에 들어가는 맹수와 검투사는 지하에서 대기하다가 로프로 움직이는 엘리베이터를 통해 지상 경기장으로 올라왔대.

무너졌고 1453년에 마지막 황제가 물러나며 동로마의 역사도 끝이 났어.

로마는 고대 국가임에도 나름 체계적인 통치를 펼쳤어. 기원전 5세기에 12표법을 제정해 법에 따라 나라를 다스렸지. 수백 년 동안 유럽 지역의 대부분을 점령해 '모든 길은 로마로 통한다'라는 말이 생겨났을 만큼 문화·경제적으로 번영을 누리기도 했어. 현재 이탈리아의 수도인 '로마'에 가면 로마 제국의 유적을 쉽게 볼 수 있지.

동물들은 언제 싸울까?

동물이 살아가면서 무리 안에서 싸움을 벌이거나 다른 무리를 공격하는 일은 거의 일상적으로 일어나. 그들도 나름대로 의사소통을 하겠지만 사람만큼 언어가 체계화되어 있진 않으니 몸을 이용해 원하는 것을 얻으려 하기 때문이지.

동물들이 싸울 때는 먹이를 구하는 상황이거나 짝을 찾을 때, 서열을 정해야 할 때가 대부분이야. 먹이를 잡을 때야 어쩔 수 없지만 그 외 상황이라면 상대가 죽을 때까지 싸움이 계속되는 경우는 드물어. 사람처럼 오락의 일종으로 다른 동물을 죽이는 동물은 보기 어렵다는 게 동물학자들의 의견이란다.

"내 고민 좀 들어줘"

안녕! 난 스페인의 투우소 농장에서 태어나 살고 있는 소야. 태어난 지 6개월쯤 되었는데 1년이 넘으면 어른 소가 돼.

내가 사는 농장은 아주 넓고 먹을 것도 많아서 살기 좋은 편이야. 나는 여기저기 뛰어다니며 친구들과 놀기도 하고 따뜻한 햇살을 받으며 꾸벅꾸벅 졸거나 되새김질을 하면서 시간을 보내. '소' 중에서는 아주 행복하다고 할 수 있지만 이런 행복은 4살이 되기 전까지야. 4살이 되면 투우장으로 가야 하거든. 투우장으로 나가는 소는 야생성, 특히 공격성이 강한 수소야. 그래서 우리 농장에서는 암소나 순한 수소, 다시 말해 눈이 예쁘거나 온순한 얼굴, 부드러운 성격을 가진 소는 키우지 않아.

언젠가 농장을 둘러보던 사람들이 그러더라. 이곳에 사는 소들은 식용소를 키우는 농장에 사는 소들보다는 백배 천배는 행복하겠다고.

"식용소들은 1년 동안 감옥보다 못한 좁디좁은 곳에서 괴롭게 살다 죽잖아."

식용소들이 그렇게 지내는 줄은 나도 몰랐어. 그런데 또 다른 사람이 말했어.

"하지만 얘들은 투우장에서 20분간 투우사와 싸우다 죽어 갈 운명인걸? 창에 찔리고 죽음에 이르기까지 얼마나 괴롭겠어."

그 순간 온몸이 와들와들 떨렸어. 짐작은 하고 있었지만 뾰족한 창이 내 몸을 찌르는 것처럼 아프더라고.

사람들 얘기를 들으니 투우가 전통문화이긴 하지만 잔인하다고 법으로 금지한 곳도 많대. 소의 처참한 죽음을 막아야 한다며 투우를 폐지하자고 시위를 하는 사람들도 있다고 했어. 사람들이 우리를 위해 그런 일을 한다고 생각하니 가슴이 찡해졌어.

너희도 잠깐이나마 나 같은 투우소와 투우에 대해 생각하는 시간을 가져 주면 좋겠다.

미래를 걱정하는 어린 소가

가족입니다

반려동물과 유기동물

개는 1만 2천여 년 전부터 사람과 함께 살아왔다고 알려져 있어. 한번 물면 놓지 않는 강한 턱, 예민한 청각과 후각, 빠른 달리기 실력까지 사냥에 적합한 신체를 갖고 있지. 개는 무리를 지어 서로 협조하는 본능을 가진 사회적 동물이야. 독립생활을 하는 고양이와 달리 무리의 지도자나 주인인 사람에게 의지하며 살아.

고양이는 몸집은 작지만 날카로운 이빨과 강하고 자유롭게 오므릴 수 있는 발톱, 빛을 받으면 반짝이는 눈, 야행성인 습성 등 호랑이나 사자와 같은 고양잇과 동물의 특징을 그대로 갖고 있어. 고양이는 고대 이집트에서 신성한 동물로 여겨지다가 3500년 전쯤부터 길들였다는 기록이 있지.

　요즘 반려동물을 키우는 집이 많아. 반려동물은 얼마 전까지는 애완동물이라고 불렸어. '애완동물'은 마치 장난감처럼 귀여워하고 좋아하는 동물이라는 뜻이 담긴 말이야. 동물은 인간에게 기쁨을 주려고 존재하는 생명체가 아니라는 뜻에서, 또 동물과 가족처럼 살아가려는 사람이 늘어나면서 요즘은 '짝이 되는 동무'라는 뜻의 '반려'를 붙여 부르는 사람이 많아졌어. 사람과 여러모로 다르지만 동물을 서로 사랑을 나누는 친구, 가족 같은 존재로 보는 마음의 표현이겠지.

　사람들이 동물을 가족으로 삼고 한집에서 살기 시작한 시기가 언제부터인지 정확히 알 수는 없어. 신석기 때 목축이 시작되어 동물을 길들이기 시작했으니 반려동물이 등장한 것도 그 즈음이 아닐까 짐작할 뿐이야. 인간의 첫 번째 반려동물로 알려진 '개'는 뛰어난 후각이나 날카로운 이빨 등을 이용해 사냥을 도왔지. 물론 꼬리를 흔들며 주인을 졸졸 따라다니는 동안 자연스럽게 가까워지기도 했을 거야.

　요즘에는 다양한 동물이 반려동물 자리를 차지하고 있어. 토끼나 다람쥐, 햄스터, 거북이같이 자그마한 동물들이나 도마뱀, 카멜레온, 고슴도치, 원숭이같이 조금은 낯선 동물을 기르는 사람도 있어.

가족처럼 지내다 보니 주인이 억울한 누명을 쓰고 괴롭힘을 당하거나 죽음을 맞을 때 운명을 같이하는 동물도 있었어. 중세 유럽에서 일어났던 대학살 사건의 피해자인 고양이들의 이야기를 들려줄게.

13~17세기 동안 유럽에서는 여자들이 마녀로 몰려 죽임을 당하는 일이 자주 있었어. 마녀로 몰린 사람들은 가족 없이 혼자 사는 여자가 대부분이었는데 고양이와 함께 사는 사람도 많았지.

고양이는 혼자 사는 사람이 키우기 적합한 동물이야. 강아지처럼 매일 운동이나 산책을 시켜야 하는 것도 아니고 독립적인 면이 강해서 혼자 두어도 강아지보다 스트레스를 덜 받거든. 주인 옆에 '껌딱지'처럼 붙어 있거나 틈만 나면 놀아 달라 매달리는 강아지와 달리 고양이는 저만큼 떨어져 달팽이처럼 몸을 말고 자거나 창밖을 보며 고독을 즐기는 동물이지. 그렇다고 혼자 버려 두어도 괜찮다는 뜻은 아니야.

어딘지 모르게 도도한 느낌이 들어서였을까. 중세 유럽에서 특히 크리스트교를 믿는 사람들은 고양이를 마땅찮아 했어.

"쓸모없는 동물이라니까. 개처럼 집을 지키지도 않고 소나 말처럼 일하지도 않고."

"쥐는 좀 잡는다지만 울음소리 하며 볼수록 기분 나쁜 동물이야."

사람들이 아무리 뜯어봐도 고양이에게는 인간을 믿고 따르는 느낌이 안 들었어. 그렇다고 사자나 늑대처럼 인간과 멀찍이 떨어져 사는 야생 동물도 아니고 대문 밖에 있는 쓰레기통이나 길가 어디서든 흔히 볼 수 있어서 더 거슬

렸을 거야. 이런 고양이의 특성 때문인지 당시 사람들은 마녀가 마법을 부릴 때 고양이를 이용한다고 믿었어. 고양이가 '악마와 계약을 맺은 이교도 동물'에 속한다고 선언한 교황도 있었지. 사람들은 마녀로 몰린 주인과 함께 고양이까지 죽여 버렸어.

'집냥이', '길냥이' 할 것 없이 멸종될 뻔한 또 다른 이유는 전염병이란다. 1300년대 중반 즈음, 유럽에 페스트가 돌아 수천만 명이 죽는 끔찍한 사태가 벌어졌어. 종교적인 이유로 한동안 고양이를 닥치는 대로 잡아 죽였더니 도시의 쥐들이 점점 늘어나는 거야. 당시 사람들은 페스트의 주요 전염원 중 하나가 쥐라는 사실을 몰랐어. 오히려 마녀인 고양이가 페스트를 옮긴다면서 닥치는 대로 잡아 죽였지. 페스트는 더 빠른 속도로 퍼졌고, 겁을 집어먹은

사람들은 더 많은 고양이를 죽였어. 고양이 사냥이 효과가 없다는 사실이 밝혀지지 않았다면 그때 유럽에서 고양이는 멸종했을지도 몰라. 그 후에도 이런저런 이유로 사람들 눈 밖에 난 고양이는 1630년, 루이 13세가 고양이 학살을 금지하라는 명을 내릴 때까지 매달 수천 마리씩 죽임을 당하며 아슬아슬 목숨을 이어가야 했어.

21세기인 지금은 어떨까? 고양이는 특성상 새끼를 가질 수 있는 발정기가 되면 어린아이 울음 비슷한 소리로 울어 대거나 수컷끼리 암컷을 두고 싸움을 해. 집 주변에서 들리는 길냥이 소리에 사람들이 잠을 설치게 되는 경우가 간혹 있지. 예전에는 길냥이가 한두 마리 보이는 정도였다면 반려동물로 고양이를 기르는 사람이 늘면서 그만큼 버려지거나 집을 나간 고양이도 많아지고 있어. 게다가 고양이는 번식력이 좋아 한 해에 두세 번 새끼를 낳을 수 있으니까 때로 사람들은 길냥이가 너무 많아 문제라고 느끼기도 해. 하지만 길에서 태어난 새끼들은 제대로 먹지도 못해 건강한 성묘로 자라는 경우가 많지 않단다.

반려동물, 유기동물 모두모두 지구별 가족

반려동물의 대표 선수인 개는 어떨까? 커다란 덩치만큼 듬직한 대형견, 몸집이 작아 깜찍한 소형견 등 사람들의 취향에 따라 세계 여러 나라 출신의 각

종 개가 최고의 반려동물 자리를 차지하고 있어.

　모든 개가 반려동물로 사랑받으며 안심하고 살아갈 수 있다면 좋을 텐데 그렇지 못한 경우가 많아. 태어난 지 두어 달 된 강아지의 귀여운 모습에 반해 분양받았다가 시간이 지나면서 문제에 부딪치는 사람도 종종 있단다.

　"시끄럽게 짖어서 아파트에서 쫓겨날 지경이에요."

　"자꾸 아프고 치료비도 많이 들어 짜증나요."

　이런 일이 생기면 여태 가족이던 반려동물들이 귀찮은 구박데기 신세로 변해. 그러다 버려지면 그들의 이름표는 반려동물에서 유기동물로 바뀌게 되는 거야.

　사람도 나이가 들면 여기저기 아픈 것처럼 동물도 다양한 병에 시달리게 돼. 세심한 관심을 갖고 반려동물의 건강 상태를 살피고 돌보는 건 주인이라면 당연히 해야 할 일이야.

　병에 걸리거나 귀찮게 군다고 한 생명을 버려도 될까?

　버려진 유기견들이 보호소에서는 건강하고 행복하게 살까?

보호소의 유기견은 버림받은 줄도 모르고 주인을 기다리다가 안락사 당하는 경우가 많아.

이런 일을 막기 위해 정부에서는 2014년부터 반려동물 등록제를 시행 중이야. 목줄이나 동물 몸에 이식할 수 있는 작은 칩에 주인 연락처나 주소 등을 넣는 제도이지. 주인 없이 다니는 강아지가 있을 때, 그 정보를 바로 알 수 있다면 주인을 더 빨리 찾을 테니까. 키우는 개를 아직 등록하지 않았다면 오늘이라도 서두르자. 고양이는 아직까지 의무적인 등록 대상은 아니지만 최근에는 반려묘 등록제도 추진 중이라고 해. 고양이에게도 이름표를 걸어 주면 혹시 잃어버렸을 때 찾는 데 도움이 될 거야.

얼마 전 서울의 한 아파트에서 가슴 찡한 뉴스가 들려왔어. 주민들이 재개발 때문에 이사를 해야 하는데 아파트 마당에 사는 길냥이들을 어찌하나 고민하다 결국 함께 이사하려고 준비 중이라는 소식이었지.

아파트 길냥이들의 먹이와 물을 챙기던 캣맘들이 보호 단체의 도움을 받아 중성화 수술도 시키고 이사 가는 아파트로 옮겨 놓을 거래.

"낯선 환경에서 길냥이들이 겁먹고 긴장하기는 하겠지만 금세 적응할 거라고 믿어요."

"길냥이들이 죽음을 피하게 되었어요. 길냥이 때문에 문제 안 생기도록 잘 돌보겠습니다."

환한 표정으로 길냥이들을 바라보는 캣맘을 보며 한쪽에선 혀 차는 소리가 들리는 듯했어.

"길냥이들은 야생 고양이라 다 살게 돼 있어요. 뭐 그렇게까지 해요. 할 일 없는 사람들이네. 쯧쯧."

물론 모든 사람이 길냥이를 돌볼 수도, 좋아할 수도 없어. 하지만 사람들이 약간의 노력을 더해 몇 마리의 길냥이라도 굶주림에 시달리지 않고 좀 더 건강하게 지낼 수 있다면 좋은 일 아닐까? 집에 있는 반려동물이든 길에서 사는 길냥이든 보호소에 있는 유기동물이든 우리는 모두 지구라는 작은 별에 사는 한가족이니까.

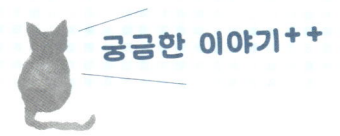 궁금한 이야기++

마녀가 있었다고?

400년대 후반부터 약 천 년 동안을 유럽 역사에서는 '중세'라고 해. 고대와 근대의 중간 시대라고 생각하면 쉬워. 이 기간 동안 유럽 사회는 크리스트교가 정치, 사회, 문화, 예술은 물론 사람들의 일상생활까지도 지배했어. 그러다 보니 신의 가르침에 어긋나는 생각을 하거나 다른 종교를 믿는 사람들은 마녀나 마법사로 몰려 화형을 당하는 일이 많았어. 영국과 프랑스의 전쟁 때 프랑스를 구하기 위해 나섰던 잔 다르크도 마녀로 몰려 화형을 당했는데, 30년이 지나서야 왕의 명령으로 누명을 벗었지.

19세기에 활동한 페루 출신의 화가 앨버트 린치가 그린 잔 다르크야. 잔 다르크는 프랑스가 전쟁에서 승기를 잡는 데 공헌했지만 결국 영국군에 의해 처형되는데 그때 나이가 19세였대.

동물과 가족이 되려면 책임감이 먼저!

반려동물을 키우고 싶을 때 '푸들을 키울까? 비숑을 키울까?' 이런 고민보다 더 먼저 해야 할 일은 바로 '우리 가족이 끝까지 책임지고 잘 키울 수 있을까?' 하는 질문과 "그렇다"는 답을 얻는 거야. 그런 각오가 안 선다면 반려동물을 데려오는 일은 미루는 게 좋아. 온 가족이 함께 결정해 반려동물을 데려왔다면 그 동물의 특성에 맞게 사료와 물도 챙겨 주어야 하고, 필요하면 목욕이나 산책도 시켜 줘야 해. 그래야 반려동물도 안정감을 느끼고 건강도 좋아져 병원에 갈 일도 줄어들 거야. 개는 꼭 반려동물로 등록해야 하고 다른 동물도 이름표를 달아 주는 게 좋아. 행여 동물을 잃어버렸을 때는 동물보호관리시스템 사이트(animal.go.kr)에 들어가 신고하는 거 잊지 말고. 가까운 동물병원이나 동물보호단체, 유기동물보호소 등에도 연락해 보고 찾기 위해 노력해 줘. 너희가 키우던 반려동물이 만약 보호소로 보내졌다면 그곳에서 빠르면 열흘 만에 안락사될 수도 있으니까.

중성화 수술 프로젝트가 뭘까?

중성화 수술은 새끼를 낳지 못하게 하는 수술이야. 자식을 낳아 키우는 건 모든 동물의 본능이지만 사람과 함께 살아가는 반려동물이나 길냥이 등은 중성화 수술이 필요해. 반려동물의 질병 예방에도 도움이 되고 유기동물이 마구 증가하는 것을 막을 수 있거든.

왼쪽 귀가 잘린 길고양이.
"고생했다. 괜찮아."

수년 전부터 많은 지자체에서 중성화 수술 프로젝트를 진행하고 있어. 길고양이를 포획해 중성화 수술을 한 다음 살던 곳에 놓아주는 거지. 국민들이 낸 세금을 그런데 쓴다고 반대하는 사람도 있지만 길에서 살아가는 동물 모두를 잡아 죽이고 우리만 살 수는 없잖아. 함께 살아가는 길을 찾는 것이야말로 결국 모두가 행복해지는 방법 아닐까?

중성화 수술을 한 길고양이들은 왼쪽 귀 끝이 1센티미터 정도 잘려 있으니까 지나가다 그런 고양이를 보게 되거든 "고생했다, 괜찮아" 하고 인사라도 나눠 주렴.

"나의 옛날이야기"

안녕, 난 토리야. 길냥이로 태어나 2년 정도 살다가 집냥이가 된 지 어느새 2년이 되었어.

2년 전 겨울, 난 강화도의 어느 펜션 뒷산 자락에서 살고 있었어. 날씨는 춥고 먹이를 구할 수도 없어서 쓰러질 지경이었지. 펜션을 관리하는 아저씨가 가끔 먹을 걸 던져 주기는 했지만 배 속에 다섯 마리의 새끼를 넣고 있던 내가 배부를 만큼은 아니었어. 그래서 펜션에 놀러 오는 사람들이 보이면 난 득달같이 달려가 밥 좀 달라고 울어 댔어. 그러면 사람들이 대부분 "아유, 이뻐라!" 하면서 이것저것 먹을 것을 주었지. 사람들 다리에 쓱 옆구리를 비벼 대면 기분도 좋아지니까 그야말로 일거양득이었지.

그날도 왁자지껄 사람들 소리가 들리자 난 맛난 식사를 기대하며 펜션으로 달려갔어. 그런데 몇 마디 울기도 전에 어떤 아줌마가 활짝 웃으며 나오더라고.

그날 난 처음으로 고양이 사료며 통조림 고기를 먹어 봤어. 그전에는 펜션에서 버려지는 음식물 찌꺼기나 멸치 대가리를 얻어먹은 게 전부였거든.

그날 이후 그 아줌마는 잊어버릴 만하면 한 번씩 와서 밥을 잔뜩 주고 갔어. 펜션 아저씨도 동네 길냥이들의 사료와 물을 챙겨 주기 시작했고. 우린 불안하면서도 즐겁게 끼니를 채웠지. 덕분에 난 다음 해 봄이 시작될 무렵 무사히 새끼들을 낳아 첫 번째와 달리 모두 건강하게 키워 냈어. 첫 새끼들은 태어나자마자 모두 죽어 버렸거든.

어느 날 난 아줌마가 가져온 이동 가방에 실려 펜션을 떠났어. 나를 중성화 수술 시켜 입양 보내려는 아줌마의 결심 덕분이었지.

지금 난 아줌마 집에서 살고 있어. 나를 입양하기로 한 집 아이의 고양이 알레르기가 너무 심해 내가 오갈 데 없는 신세가 되었거든. 까칠한 고양이 마리와 함께 살던 아줌마가 날 새 식구로 받아 준 거야.

너희, 고양이 키우고 싶지?

하지만 동물과 함께 사는 게 쉬운 일은 아니야. 우리 아줌마만 해도 며칠 여행 갈 때마다 걱정으로 땅이 꺼져. 난 괜찮은데 마리는 우리끼리 있는 게 싫대.

그러니까 고양이를 키우려거든 가족들과 잘 의논하고 결정해. 알았지!

더불어 길냥이들 보면 놀라게 하거나 쫓아다니지 말아 줘. 길냥이들, 진짜 겁 많은 아이들이거든. 부탁할게.

집냥이가 된 토리가

모두 어디로 갔을까?

+ 멸종
  동물

너희 '멸종위기' 동식물에 대해 들어 본 적 있니? 쉽게 말하면 어떤 이유로 같은 종류의 야생 동식물 수가 줄어들면서 결국 그 종 자체가 사라질 위기에 처해 있다는 뜻이야.

우리나라는 5년에 한 번씩 멸종위기 야생 생물을 조사해 발표하는데 2012년에는 수달, 늑대, 여우, 호랑이 등 246종의 야생 생물이 위기종으로 지정되었어. 이제는 266종으로 늘어날 예정이라고 해. 지금부터라도 이 생물들을 보호하려 애쓰지 않으면 다시는 못 보게 될 거야. '도도'와 '강치'처럼 말이야.

도도는 아프리카 대륙 동쪽의 '모리셔스'라는 작은 섬에 서식하던 새야. 강치는 우리에게 아주 가까운 곳, 독도에 살았던 바다사자이지. 인간이 왜 도도와 강치를 지키지 못했냐고? 책장을 넘겨서 두 동물의 마지막 이야기를 들어 보자.

1500년대, 그러니까 600여 년 전 어느 때로 잠깐 시간 여행을 떠나 볼까? 우리가 가는 곳은 '모리셔스'라는 섬이야. 아프리카 대륙 동쪽에 있는 마다가스카르섬 옆의 자그마한 섬나라란다. 당시 이 섬에는 다양한 종류의 새들이 숲을 차지해 독특한 생태계를 이루어 살고 있었어.

그중에 '도도'라는 새도 있었는데 몸무게가 20킬로그램이 넘어서 덩치 큰 칠면조처럼 보였지. 도도는 머리가 크고 푸른빛이 도는 회색 깃털을 가졌는데, 가느다란 다리로 폴짝폴짝 움직이는 새들과 달리 억센 다리로 뚜벅뚜벅 걸을 수 있었어. 천적이 하나도 없는데다 사람도 드나들지 않는 무인도라는

안전한 환경에서 오랫동안 살아온 도도는 굳이 하늘을 날 필요가 없었지. 쓸모없는 날개는 점점 작아지면서 형태만 남아 있었어.

걱정 없이 살던 모리셔스의 도도에게 위기가 닥친 시기는 1510년 무렵이야. 유럽 사람들이 큰 배를 타고 동으로 서로 진출하기 시작하던 때였지. 당시 유럽 사람 중에는 아시아 지역에서 나는 여러 가지 물건을 구입해 유럽으로 가져다 비싸게 파는 이들이 많았어. 국가의 지원을 받아 식민지를 개척하러 나서는 탐험가들도 나타났지. 콜럼버스가 아메리카 대륙에 처음 발을 디뎠던 것도 이 즈음이란다.

이 시기에 모리셔스섬에도 첫 손님, 포르투갈 사람들이 상륙했어. 유럽 사람들에게 인기 좋은 향료를 구하러 인도나 서아시아로 가던 무역상들에게 모리셔스는 중간 휴게소로 딱 맞는 곳이었거든. 오랜 항해로 싱싱한 음식을 구경도 못 한 선원들에게 통통한 도도 고기는 최고의 특식이었어.

"이게 얼마 만에 맛보는 신선한 고기야, 맛도 최고구먼!"

"겁이 없는지 사람을 피하지도 않아. 하루에 백 마리라도 잡겠어."

무슨 일이 생긴 건지 이해하고 피할 새도 없이 많은 수의 도도가 사냥꾼의 총에 죽어 갔어. 그 후 네덜란드에서 이 섬을 죄수들의 유배지로 사용하면서 다양한 동물이 섬으로 들어왔지. 섬사람들의 먹거리가 될 돼지를 비롯해 쥐, 원숭이까지 살게 되면서 섬의 생태계는 변하기 시작했어.

도도는 땅바닥에 둥지를 틀고 알을 한 개씩 낳곤 하는데, 섬에 새로 자리 잡은 동물들에게 도도의 알은 손쉽게 구할 수 있는 먹이가 되었어. 알은 부화

할 틈도 없이 동물들이 먹어 치우고, 어른 도도는 사람에게 먹히니 도도의 숫자는 눈에 띄게 줄어들 수밖에 없었어.

　모리셔스섬에서 흔하디흔한 새였던 도도가 희귀종이 되었다가 멸종에 이르기까지 걸린 기간은 겨우 100년이야. 1681년에 마지막 도도가 목격되었고 그 후 모리셔스에서 도도는 더 이상 볼 수 없었지. 모리셔스 근처의 섬에 살던 레위니옹 도도 등 도도의 친척쯤 되는 새들도 1800년이 되기 전에 모두 멸종되어 지금은 볼 수 없게 되었어. 멸종된 이유는 모두 비슷해.

　도도의 멸종은 어떤 결과를 가져왔을까? 우리가 도도를 직접 볼 수 없게 되었다고? 맞아. 그런데 그건 아무것도 아니야. 아닌 밤중에 홍두깨 격으로 위기를 맞은 나무가 있었어. 바로 '칼바리아' 나무야. 칼바리아 열매는 특이하게도 도도의 소화 기관 안에서만 소화될 수 있어서 다른 새들은 먹지 않았어. 도도가 칼바리아 열매를 먹은 다음 여기저기 씨를 배설한 덕분에 나무가 번식할 수 있었던 거야.

　도도의 숫자가 줄어들면서 새싹을 틔우는 칼바리아가 적어지고 점점 나무의 수도 줄어 갔어. 도도가 멸종된 후 300여 년이 지나자 13그루의 늙은 나무밖에 남지 않은 상황이 되었어. 1973년에서야 칠면조가 도도와 같은 역할을 할 수 있다는 사실이 밝혀져 칼바리아는 멸종을 피할 수 있게 되었지.

　도도의 멸종 과정을 보니 어떤 생각이 드니? 물론 자연에서 살아가는 동식물의 생태계는 아주 복잡하게 얽혀 있어서 어떤 동물이나 식물이 멸종된다고 모든 동식물이 단숨에 사라지지는 않아. 하지만 도도와 칼바리아처럼 관련된 동식물이 꼬리에 꼬리를 물고 위기를 겪으며 주변 생태계가 위험에 빠지는 일은 흔해.

무분별한 사냥에 멸종되는 동식물

오래전부터 뉴질랜드에 살던 대형 조류인 모아도 도도와 비슷한 과정을 통해 멸종되었어. 뉴질랜드에는 하스트수리라고도 불리는 하스트독수리를 제외하고는 모아의 천적이 하나도 없었지. 안전한 환경 덕분에 모아도 타조나

1893년에 출간된 『멸종 동물들 : 고대의 거대 동물의 삶에 대해 잘 알려진 이야기들』에 실린 삽화야. 원주민이 손쉽게 모아를 사냥하는 것 같지 않니?

도도처럼 다리가 발달했고 날개는 퇴화되어 있었어.

약 천 년 전, 마오리족이 뉴질랜드에 처음 상륙했어. 그들은 모아를 잡아 고기는 먹고 뼈로는 창이나 낚싯바늘 등을 만들고 알은 그릇으로 썼지. 바다에 나가 고기를 잡는 것보다, 힘들게 농사를 짓는 것보다 날지도 못하는 덩치 큰 모아를 잡아먹는 게 훨씬 쉽고 배부른 방법이었어. 마오리족이 닥치는 대로 모아를 사냥하는 동안 큰 종류의 모아는 17세기에 사라졌고, 19세기가 되자 작은 종류의 모아까지 지구상에서 완전히 자취를 감추었어. 모리셔스에서는 도도의 먹이가 되었던 칼바리아가 위기를 겪었다면 뉴질랜드에서는 모아를 먹이로 삼던 하스트독수리가 날벼락을 맞았어. 먹이가 부족해진 하스트독수리는 인간을 공격할 정도로 굶주림에 시달리다가 결국 멸종에 이르고 말았어.

우리 땅에서 멸종한 동물 이야기를 해 볼까?

독도에 살았던 '강치'에 대해 들려줄게. '가제'라 불리기도 했던 강치는 바다사자의 한 종류란다. 강치는 독도를 주요 번식지이자 서식지로 삼고 살았어. 조선 시대까지만 해도 독도 근처에 수만 마리가 살고 있었지. 난류와 한류가 뒤섞이는 독도 주변 바다는 오징어, 멸치, 꽁치 등 먹이도 풍부하고 무인도여서 가끔 강치를 잡으러 오는 어부들만 조심하면 되는 그야말로 천국이었거든.

오래전부터 우리나라와 일본 어부들은 독도를 들락거리며 강치를 잡곤 했어. 강치 고기에서 기름을 짜 불을 밝히는 데 썼고 가죽은 벗겨 사람들 생활에 쓸 물건들을 만들었지. 때로는 산 채로 잡아 서커스에서 부리기도 했어.

강치 수가 눈에 띄게 줄기 시작한 건 러일 전쟁 중 일본이 일방적으로 독도를 자기네 땅으로 선포하면서부터야. 일본인들이 마구잡이로 잡은 강치가 8년 동안 약 1만 4천 마리나 되대.

"저렇게 많이 잡다가는 강치 씨가 마를 텐데. 큰일이야."

"어쩌겠나. 1900년에 고종 황제 칙령으로 독도는 분명 우리 땅이라고 해 놨는데 일본인들은 귓등으로도 안 들으니."

당시 우리나라는 을사늑약이 체결되어 강제로 외교권을 잃은 상태였어.

일본에 대항해 국제 사회에서 목소리를 낼 수 없었기 때문에 일본 어부들을 적극적으로 막을 수 없었지.

1950년대까지는 20~30마리씩 모여 있는 강치들 모습이 보이곤 했지만 그 수는 계속 줄어들었어. 1974년 홋카이도에서 새끼 강치가 발견된 게 마지막 기록이었지. 독도 강치도 도도, 모아처럼 멸종 동물이 된 거야.

사실 지구의 역사 속에서 멸종된 동식물이 현재 살아가고 있는 수백만 종의 동식물보다 그 종류가 훨씬 더 많다고 해. 그림이나 화석으로만 볼 수 있는 공룡을 비롯해 한반도에 살던 호랑이, 여우 등 다양한 동물을 지금은 볼 수 없게 되었지. 동물이 멸종되는 까닭은 다양하지만 현대로 들어오면서는 가장 큰 원인을 '사람'이라고 봐야 해. 도도나 강치에게 그랬던 것처럼 마구잡이로 동물들을 잡는 사람들 말이야. 지금 이 순간에도 수많은 동물들이 멸종 위기 속에서 하루하루 위태로운 삶을 이어가는 중이야.

더 이상의 도도도, 강치도 나오지 않길!

우리 곁의 동식물이 사라지지 않길!

 궁금한 이야기⁺⁺

콜럼버스가 아메리카 대륙을 발견했다고?

옛날 사람들은 지구가 평평하고 끝이 있다고 믿어서 먼바다로 나가지 못했어. 그런데 15세기 말, '지구가 둥글다'고 생각하는 학자들 중 한 명인 토스카넬리가 '세계 일주'가 가능하다는 주장을 편 거야. 탐험가인 콜럼버스는 그 주장에 따라 서쪽으로 항해해서 인도로 가겠다고 나섰어. 당시 사람들은 인도로 가기 위해 아프리카 대륙을 따라 동쪽으로 항해를 했는데 콜럼버스는 대서양을 가로지르면 인도에 더 빨리 도착한다고 믿었지.

콜럼버스는 세 차례나 대서양을 건넜고 그때 도착한 땅을 인도라고 믿었어. 하지만 '아메리고 베스푸치'라는 탐험가가 콜럼버스의 도착지는 아시아가 아니라 전혀 새로운 대륙이라는 사실을 밝혀 냈지. 이 신대륙이 그의 이름을 따서 '아메리카'라는 이름을 갖게 되었단다.

콜럼버스의 초상화로 알려진 그림이야. 그는 유럽인에게는 새로운 항로를 개척한 '탐험가'이지만 오래전부터 아메리카 대륙에 살아온 원주민에게는 '침략자'라 불리기도 한대. 서로 다른 두 주장은 오늘날에도 팽팽하게 맞서고 있지.

생태계가 뭐지?

지구상에 살고 있는 모든 동식물은 먹고 먹히는 관계 속에서 햇빛, 공기, 물, 토양, 온도와 같은 환경의 영향을 받으며 살아가고 있어. 이처럼 동식물이 살아가며 관계를 맺는 다른 동식물과 환경을 모두 아울러 '생태계'라고 불러. 생태계에서 동식물 간 관계는 생산자, 소비자, 분해자로 구분해 설명할 수 있어. 도도와 칼바리아의 관계를 예로 설명해 볼게.

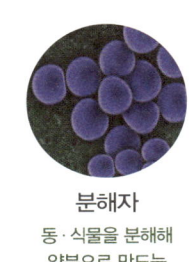

분해자
동·식물을 분해해
양분으로 만드는
박테리아와 곰팡이

생산자
양분을 바탕으로
살아가는 식물

2차 소비자
초식 동물을
먹이로 삼는
육식 동물이나
동·식물을
모두 먹는 사람

1차 소비자
식물을 먹는
초식 동물 등

광합성을 통해 산소를 만들고 열매를 맺는 칼바리아는 생산자야. 칼바리아가 만들어 낸 열매를 먹는 도도는 소비자가 되지. 칼바리아 열매를 먹는 칠면조도 소비자야. 도도를 잡아먹은 사람들은 또 다른 소비자이고. 사람들이 먹고 버린 도도의 뼈나 동물의 사체를 분해해 땅의 일부분으로 만드는 세균이나 곰팡이는 분해자라 할 수 있어. 이처럼 생태계 안에는 생산자와 소비자의 관계가 얽혀 있단다.

멸종위기 야생 동식물 복원 프로젝트, 왜 하는 걸까?

세계 여러 나라에서 멸종된 동물을 복제하거나 멸종위기에 처한 동식물의 수를 늘리기 위해 다양한 프로젝트를 해 나가고 있어. 멸종위기 야생 동식물의 복원 사업을 통해 한 생물종이 사라지는 일을 막는 것은 물론 다양한 동식물이 살아가는 건강한 생태계를 유지하기 위해서지. 그동안 본의 아니게 사람이 여러 동식물을 멸종에 이르게 했지만 이제라도 '파괴자'가 아니라 동식물과 공존하며 함께 살아가는 '동반자'가 되기 위한 노력이야.

우리나라에서도 멸종위기 생물을 지키기 위한 여러 프로젝트가 진행되고 있어. 국립공원종복원기술원에서는 2001년에 반달가슴곰 복원사업을 시작했어. 다행히 2017년 12월, 반달가슴곰 50여 마리가 지리산에 살고 있는 것으로 확인되었지. 강원도 양구에 있는 산양증식복원센터에서는 산양 복원에 힘쓰고 있고, 그 밖에도 다양한 동식물의 복원 프로젝트가 진행 중이거나 또 계획되어 있단다.

"오래오래 지구에서 살고 싶어"

안녕! 난 수달이야. 내가 도구도 사용할 줄 알고 멋진 가죽 옷을 입고 있는데다 무엇보다 너무너무 귀여운 동물이라는 거 다들 알지?

난 오늘 너희에게 아주 중요하고 심각한 부탁을 하려고 해. 나를 포함해서 멸종위기에 처해 있는 동물들을 대표해 하는 부탁이라고 생각해 줘.

요즘 우리 수달뿐만 아니라 아주 많은 동물, 아니 거의 모든 동물들이 안심하고 살 수가 없어. 목숨을 위협하는 것들이 너무 많기 때문이야. 마구 버려지는 쓰레기, 오염된 강, 우리를 잡아 건강식품이나 모피로 가공하려고 설치한 그물과 덫, 차도로 나뉜 서식지를 오가다 당하는 로드킬 등 일일이 셀 수 없을 정도야. 먹을 게 부족한 건 말하나 마나지.

나는 운이 좋은 수달이야. 내가 사는 전주천은 물도 깨끗하고 사람들도 우리를 보호하려고 애써 주어 살 만하거든. 하지만 나만 잘 살면 되는 게 아니잖아. 나 말고 수많은 동물이 생명의 위협을 받거나 멸종위기 속에서 하루하루 힘겹게 살고 있다고.

이 편지를 쓰기 전에 곰곰이 생각해 봤어.

우리가 멸종되면 어쩌지?

수달이 멸종되는 일이 인간에게는 아무런 문제가 안 될까?

사람들이 우리의 멸종을 막아 줄 수 있을까?

사람들이 내 말을 들어줄까?

고민들이 꼬리에 꼬리를 물고 이어지는 바람에 잠도 잘 안 오더라고.

어쩌면 너희들은 수달의 멸종쯤 별거 아니라고 생각할지 몰라.

엄마는 매일같이 걱정이 늘어져.

"사람은 위험하다. 절대 가까이 가지 마라. 행여 사람들이 널 불러도 못 들은 척해. 특히 자동차는 조심해야 한다. 너 같은 꼬마는 사람들이 잡아갈 수도 있다."

내 귀가 다 녹을 지경이라니까.

윗집 수달 아저씨에게 들으니까 사람들이 힘을 모아 전주천에 사는 수달을 보호할 방법을 찾기로 했대. "고맙습니다" 하고 꾸뻑 인사라도 하고 싶었어.

모든 사람들이 그런 마음으로 지구상에서 사라져 가는 동물들을 돌봐 주면 좋겠어. 조금만 관심 갖고 도와주라. 멸종위기에서 벗어날 수 있도록 우리도 있는 힘껏 노력할게. 내 딸의 딸, 그 딸의 딸, 그 딸의 100대손까지 이 지구에서 너희와 함께 살 수 있으면 좋겠어.

도와줄 거지! 꼭!

안녕!

전주천에 사는 걱정 많은 수달이

살아 있어요

사고파는 동물

아주 오랜 세월 동안 사람들은 동물을 사람이 살아가는 데 필요한 도구나 먹거리쯤으로 생각해 왔어. 우리와 똑같은 생명인데 팔고 사는 물건으로 취급해도 되는 걸까 하는 의문조차 갖지 않았지. 그래서 수많은 동식물이 '선물'이 되어 낯선 장소, 낯선 사람들 손에서 살게 되는 일이 흔했어.

약 천 년 전쯤에 거란에서는 50마리나 되는 낙타들을 고려에 선물로 보냈어. 1970년대 이후 중국은 자이언트판다를 미국, 일본, 우리나라 등 친선 관계를 맺고 싶은 나라에 선물해 왔지.

이제는 사람들의 생각도 점점 바뀌어 집에서 키우는 동물을 가족으로 여기는 사람도 많아. 그렇지만 물건 사듯 동물을 주문하거나 구입하고 여차하면 교환, 반품 심지어 버려도 된다고 생각하는 사람도 여전히 많지. 살아 숨 쉬고, 아프고, 즐겁고, 배고픔을 느끼는 물건은 세상에 없는데 말이야.

　　지금으로부터 천 년도 더 전에 있었던 이야기야. 그때 한반도는 고려가 후삼국을 통일한 후로 나라의 기틀을 잡느라 정신없었어. 어느 날 고려 북쪽에 있던 나라 거란에서 보낸 선물이 도착했어. 낙타 50마리였지. 지금이나 그때나 한반도 땅은 낙타가 살기에 적합한 환경이 아니야. 고려 사람들에게 낙타는 누구도 본 적 없는 신기한 동물이었어. 거란이 잘 지내자는 마음을 담아 고려로 귀한 선물을 보낸 것이지.

그런데 고려는 거란의 예상과 달리 고맙다는 인사는커녕 낙타들을 개경에 있던 만부교라는 다리에 묶어 둔 채 몽땅 굶겨 죽였어. 고려를 세운 왕건은 거란과 친하게 지낼 생각이 눈곱만큼도 없었거든.

"거란이 우리 왕께서 어떤 마음인지 몰라도 너무 모르는군요."

"그러게요. 언제든 거란을 혼내 주겠다 마음먹고 계시는데 말입니다."

거란은 고구려 유민들이 세운 발해를 멸망시킨 나라야. 왕건은 고구려의 뒤를 잇겠다는 뜻에서 나라 이름을 '고려'라고 한 만큼 발해에 대해서도 남다른 마음이었지. 그 때문에 아무런 잘못도 없이 살던 곳을 떠나 고려로 끌려 온 낙타 50마리만 영문도 모른 채 굶어 죽고 만 거야.

조선 시대에도 낯선 환경에서 고생한 동물 이야기가 전해지는데 코끼리가 주인공이야. 그 코끼리는 일본의 왕이 태종에게 보낸 선물이었어. 왕실의 동물을 돌보는 사복시에서 맡아 보살피고 있었지.

코끼리가 조선에서 평화로운 날을 보내던 어느 날, 한 사람이 코끼리를 구경하러 갔어. 그런데 그의 눈에는 코끼리가 별로였는지 생김새가 이상하다며 혀를 차고 코끼리에게 침을 뱉기도 했지. 그러자 곱지 않은 말을 알아듣기라도 한 듯 흥분한 코끼리가 그만 그 사람을 밟아 죽이고 말았어. 얼마 지나지 않아 코끼리가 또 사람을 죽이는 일이 생기자 태종에게 상소문이 올라갔어.

"사람을 두 명이나 죽이고 아까운 식량을 턱없이 축내는 짐승은 섬으로 귀양 보내야 합니다."

코끼리는 전라도의 작은 섬으로 귀양 갔는데 바뀐 환경에 적응하기 힘들었는지 잘 먹지도 않고 눈물을 흘리는 통에 다시 육지로 데려와 살게 했어. 그런데 얼마 후 코끼리가 너무 많이 먹기 때문에 돌보기 힘들다는 보고가 다시 올라왔어. 코끼리는 또다시 어디론가 옮겨졌는데 이후 더는 기록을 찾을 수가 없는 것을 보면 오래 살지는 못한 것 같아.

요즘에도 나라 간 선물로 동물이 오가는 일이 있어. 귀와 눈 주위의 검은 무늬가 귀여운 자이언트판다가 그 주인공이야. 판다는 중국의 외교 수단 중 하나로 중요한 역할을 하고 있지.

한때 중국과 미얀마의 넓은 지역에 퍼져 살기도 했던 판다는 지금은 중국 중서부 지역의 산악 지대에 있는 대나무 숲에만 천 마리 정도가 서식하며 멸종위기종으로 보호받고 있어. 세계 각지의 동물원에서 지내는 자이언트판다가 백 마리 정도 되는데 중국이 다른 나라와의 외교 과정에서 선물한 거야.

판다는 대나무의 연한 잎이나 줄기를 먹는데 소화력이 떨어지는 탓에 대나무 잎을 씹는 일로 하루 대부분을 보내기로 유명해. 하지만 대나무를 구하기 어려운 외국의 동물원에서는 곡류와 우유, 채소 등을 먹으며 살지.

현재 야생 자이언트판다는 중국의 큰 보물로 여겨지고 있어. 중국 정부는 자이언트판다를 다른 나라에 장기 임대하는 방식으로 판다 외교를 진행하지. 그런데 판다를 돌보는 나라에서 엄청난 임대료를 지불하는데도 판다가 낳은 새끼는 모두 중국의 소유가 돼. 판다가 다른 나라에서 번식하는 것을 막으려는 중국의 의도도 있지만 멸종위기 동물의 밀렵이나 판매를 막자는 뜻에서 전 세계 나라들이 조약을 맺었기 때문이야. 개인 차원에서는 물론 국가적으로도 판다를 구입할 수 없게 된 거지.

우리나라에도 현재 판다 한 쌍이 들어와 있단다. 2016년에 중국 시진핑 주석이 선물한 녀석들이야. 20여 년 전에도 한 쌍의 판다가 와 있었지만 아이엠에프라는 외환 위기가 닥친 후 돌보는 비용이 부담스러워 중국에 반환한 적이 있었어.

물건처럼 구매하는 '분양' 대신, 가족으로 맞는 '입양'으로

동물을 주고받거나 사고파는 일은 외교 무대뿐만 아니라 우리 일상에서도 쉽게 볼 수 있어. 진돗개나 페르시안 고양이처럼 족보를 가진 개나 고양이는 물론이고 시골 장터에서 쉽게 만날 수 있는 잡종 강아지에 거북이, 병아리 들까지.

나라 간 선물은 좀 다르겠지만 사람들이 사고파는 동물 대부분은 어미와 떨어져 지내기엔 너무 어리다는 걸 알고 있니? 너무 어릴 때 어미에게서 떨어지면 면역력도 낮아지고 대소변 훈련도 어려운데다 사회성 발달도 더뎌. 그래서 사람이 키우는 데 어려움을 겪는 경우가 많지. 분양된 동물이 금세 병에 걸려 죽거나 사람을 공격하는 등 문제 행동을 하기도 해.

동물보호법에 따르면 태어난 지 2개월이 넘은 개나 고양이만 판매와 분양이 가능하다고 되어 있어. 하지만 법과 달리 태어난 지 한 달 남짓한 새끼들이 진열장에서 분양을 기다리는 경우도 많아.

"2개월 넘은 새끼들 데려왔다 안 팔리면 곤란하니 미리 데려다 진열할 수밖에 없어요."

"사람들이 다 자란 개나 고양이는 싫어해요. 아무래도 새끼가 더 귀여우니까요."

동물 분양을 직업으로 삼는 사람들은 개나 고양이의 출산을 관리하고 그 새끼를 두어 달 키워 파는 일을 해. 돈을 벌 목적이다 보니 더 건강하게 키우려 애쓰기보다 더 빨리, 많이 분양하려는 마음에 나중 문제는 생각 않게 되지.

이런 일을 막기 위해 세계 여러 나라에서는 다양한 보호 장치를 마련해 놓았어. 칠레에서는 반려동물을 키우는 사람이나 사육사 및 판매자 등이 지켜

야 하는 법을 만들어 위반할 경우 최대 240만 원의 벌금을 부과할 수 있게 했어. 미국의 샌프란시스코에서는 농장 등에서 동물을 키워 분양하는 일을 직업으로 삼지 못하게 하는 법을 만들고 있지. 독일에서는 상점 진열장에 동물을 진열해 팔고 사는 일이 금지되어 있어.

우리나라에서는 태어난 지 2개월 미만의 동물을 분양하다 걸리면 6개월 동안 동물 판매를 할 수 없고 '펫샵'도 운영하지 못하도록 하고 있어. 하지만 동물보호 운동가들 사이에서는 처벌이 더 강화되어야 한다는 이야기도 나오고 있어.

고려 시대 때 굶어 죽은 낙타들, 조선 시대 때 귀양 갔던 코끼리, 현재 놀이공원 동물원에 있는 자이언트판다들, 가게에서 팔려 가는 개와 고양이 들, 이들의 공통점은 뭘까?

"자기들이 원하는 것과 상관없이 살던 곳에서 멀리 떨어진 다른 환경으로 옮겨져 지내야 했어요."

딩동댕!

너희가 어느 날 아침 눈 떴더니 가족도 집도 바뀌어 있다면 어떨까?

새로운 학교로 전학 가 있다면?

매일 같이 놀던 친구들이 하나도 보이지 않는, 처음 보는 동네에 떨어졌다면?

이 모든 일들을 설명해 주는 사람도, 미리 알려 준 사람도 없다면 어떨까?

끔찍하겠지!

반려동물을 키우는 사람들이 많아지면서 동물 분양 관련 업체도 늘어나고 분양 후 이런저런 이유로 교환이나 환불을 해 주는 규정도 있어서 어느 정도 안심하고 분양을 받을 수 있다고 해. 하지만 '분양'이라는 말은 원래 '땅이나 건물 따위를 나누어 파는 것'이라는 뜻이야. 살아 숨 쉬는 동물을 내 가족으로 받아들이려는 사람이 가게에서 돈을 주고 물건을 사듯 동물을 '분양' 받는 게 맞는 걸까? 불안감에 덜덜 떠는 어린 생명을 고마움이나 기쁨을 전하는 선물로 주고받는 일은 과연 옳을까?

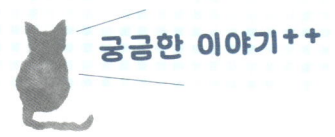

발해는 어떤 나라였나?

발해는 신라가 백제와 고구려를 무너뜨리고 삼국을 통일한 후 20여 년이 지난 698년에 한반도 북부와 만주, 연해주 지역을 기반으로 세워진 나라야. 발해를 세운 대조영은 고구려 장수 출신으로 알려져 있어. 당나라 땅인 영주에서 살다가 고구려 유민과 말갈족 등을 거느리고 2천 리나 떨어진 동모산까지 옮겨 와 나라를 세웠지. 발해의 전성기 때는 당나라에서 발해를 바다 동쪽의 번성한 나라라는 뜻으로 '해동성국'이라고 부를 정도였단다.

발해는 926년 거란의 침략에다 지도층의 내분까지 겹쳐 멸망하고 말았어. 발해의 문화가 고구려와 유사한 점이 많고 발해의 왕이 외국에 보내는 국서에 자신을 고구려 왕이라고 표기한 것 등으로 볼 때 발해는 고구려를 계승한 나라라고 볼 수 있어. 고려를 세운 왕건이 발해 유민을 받아들인 것도 같은 민족이라 생각했기 때문이지.

기왓골의 끝을 장식하는 둥근 기와인 '수막새'를 보면 발해와 고구려 문화의 연관성을 짐작할 수 있어. 왼쪽이 고구려의 양식이고 오른쪽이 발해의 양식이야. 어때, 비슷하지?

우리나라의 동물 관련법은 어떨까?

우리나라에서 동물보호법이 처음으로 제정된 시기는 1991년이야. 동물을 학대하는 걸 막고 동물의 안전, 복지 수준을 높이기 위해 만들어졌지. 이 법에는 동물을 키우는 사람이 지켜야 할 일, 동물 실험을 할 때 지켜야 할 일, 동물을 키워 분양하는 사람이 지켜야 할 일 등이 규정되어 있어.

특히 동물을 이동시키거나 다른 사람에게 전달할 때 어떻게 해야 하는지도 법으로 정해져 있는데 분양하는 동물을 택배 상자에 넣어 배달하는 것도 처벌 대상이라고 나와 있어.

최근에 개정된 동물보호법에는 맹견과 산책할 때 목줄과 입마개를 착용시켜야 한다는 등의 구체적인 조항도 들어 있단다.

입양으로 동물 가족 만들기

"사지 말고 입양하세요."

이런 말을 들어 본 적 있니? 최근 자료에 따르면 우리나라 반려견 3마리 중 1마리는 가게에서 돈을 주고 구입한 동물이래. 유기견이나 보호 시설을 통한 입양은 8퍼센트 정도이고 아는 사람에게서 데려오는 경우가 45퍼센트 정도야.

돈을 주고 산 물건을 쓰다 싫증 나면 어떻게 하니? 대부분 버리거나 처박아 두잖아. 동물을 돈 주고 '사 온' 사람들 중에는 키우는 데 문제가 생기면 별 생각 않고 버리는 주인이 많아. 생명체가 아니라 물건처럼 느끼기 때문인가 봐.

동물복지 선진국으로 알려진 독일과 비교하면 정말 부끄러운 정도야. 예를 들어 독일에서는 반려견을 입양하려면 '자격증'부터 따야 해. 무려 2차에 걸쳐 필기시험과 실기시험을 모두 통과해야 하지. 그 밖에도 반려견의 상황에 따라 반드시 모든 가족

2017년 11월 서울 강동구에 설립된 전국 최초의 유기동물 입양 카페, 강동 리본 센터

이 동의한다는 서명을 해야 하고 산책을 시킬 수 있는 횟수는 물론 시간까지 확인한 단다. 그 밖에도 굉장히 까다로운 조건들이 많아.

　반려동물을 키우고 싶다면 먼저 유기동물보호센터나 관련 시민단체 등을 통해 입양할 동물을 찾아보면 어떨까?

　비싼 돈을 주고 구입한 동물보다 귀엽지도 않고 근사하지 않을지도 모르지만 죽을 뻔한 생명을 구해 내 가족으로 만들었다는 점에서 더 귀하게 여기고, 더 사랑하면서 지낼 수 있을 거야.

"버려진 기억에 떠는 나폴레옹"

안녕! 난 동물병원 개원을 준비하고 있는 수의사란다. 작년까지는 대형 동물병원에서 일했어. 그곳에서 만났던 초등학생과 토이푸들의 이야기를 해 볼게.

초등학교 3학년 시현이(그 친구 사생활 보호 차원에서 가명으로)가 우리 병원에서 순하고 귀여운 시츄 수컷을 데려갔어. 돈을 내고 사 갔으니까 분양이라고 해야겠구나. 이름을 뭐라고 지어 줄까 고민하며 좋아하는 모습에 보는 나도 기분이 좋았어. 동물병원에서 지내는 며칠 동안 정이 든 강아지가 행복하게 살 수 있을 것 같았으니까.

일주일쯤 지났을 때 녀석은 나폴레옹이라는 이름표까지 달고는 시현이 엄마 품에 안겨 병원으로 왔더라고. 대소변을 못 가려 키울 수 없다고 하셨지. 어린 강아지이니 지금부터 훈련시켜야 한다고 말씀드렸지만 싫다고 손사래를 치셨어. 교환은 안 되는 게 규정이지만 하도 부탁을 해서 병원에 있던 토이푸들 강아지로 교환해 주었어. 대소변 훈련이 잘된 강아지라 괜찮겠다 싶었지. 녀석은 두 번째 나폴레옹이 되어 시현이네 집으로 갔어.

거기서 끝나면 좋았을 텐데 두어 달쯤 지났을 때 시현이와 엄마가 다시 병원에 나타났어.

"강아지를 잃어버렸어요. 산책 갔다가 줄을 놓쳤는데 못 찾았어요. 저 이제 강아지는 질렸어요. 말도 안 듣고 짖기만 하고……. 고양이로 살 거예요. 페르시안 고양이 있어요? 예쁜 애로 보여 주세요."

강아지가 없어지기를 기다리기라도 한 듯 무덤덤하게 말하는 시현이에게 나폴레옹 이야기는 더 이상 묻지도 못했어. 시현이는 별 고민도 없이 옷 한 벌 사는 것만큼의 시간을 들여 고양이를 골라 돈을 내고 집으로 데려갔어.

난 할 말을 잊은 채 멍하니 서 있다가 퍼뜩 정신을 차리고 가까운 유기동물보호소에 전화를 했어. 자초지종을 말하고 갈색 토이푸들이 들어왔는지 물었지. 다행히 나폴레옹은 보호소에 있었어. 누군가 발견하고 신고를 했던 모양이야. 잃어버렸다는 바로 그날 들어왔다 하더라고.

그날부터 나폴레옹은 나와 함께 지내게 되었어. 보호소에 있던 기간은 일주일이었는데 주인을 잃어버린 충격이 컸는지 지금도 밖에만 나가면 오들오들 떨어서 안타깝게도 대문 밖 산책은 엄두도 못 내.

나폴레옹이 마음의 상처를 털어 내고 나와 오래오래 행복하게 지내기를 빌어 주렴.

동물 분양은 안 하려 결심한 수의사가

우리도 아프다고요!

실험실 동물

세계 최초로 우주여행을 한 개는 누굴까? 바로 러시아에 살았던 '라이카'란다. 라이카처럼 사람들의 실험에 투입되는 동물을 '실험동물'이라고 불러. 실험동물은 대체로 '실험용 생쥐와 집쥐, 마모트, 실험용 토끼 및 특정 종류의 개나 고양이'처럼 실험이나 연구 목적에 맞도록 키워진 동물을 말해. 하지만 실제 실험에는 소, 말, 양과 같은 가축이나 원숭이류, 파충류, 곤충류 등 야생 동물이 포함되기도 한단다.

실험에 동물을 사용할 경우 동물이 가진 유전적인 요인이나 질병, 습성에 따라 실험의 성패가 갈리기도 하고 전혀 다른 결과가 나오기도 해. 다양한 목적으로 실험이 진행되는데 특히 질병 연구에 사용되는 동물들은 인간이 앓는 병을 갖고 태어나도록 조작되기도 한단다.

　동물 실험 역사의 큰 획을 그었던 개를 만나 보자. 인공위성을 타고 지구 밖으로 날아갔던 '라이카'라는 개란다. 때는 1957년, 라이카는 소련의 인공위성 스푸트니크 2호에 타게 되었지.

　한 달 전에 세계 최초로 인공위성 스푸트니크 1호를 우주로 쏘아 올린 소련은 두 번째 인공위성으로도 세계인의 눈길을 끌고 싶었어.

　"특별한 게 필요한데 뭐가 좋겠소?"

　"동물을 인공위성에 태워 보내 제대로 연구해 보면 어떨까요? 아직 미국에서도 못 한 거니까요."

　미국에서는 이미 1947년에 씨앗과 초파리 들을 로켓에 실어 대기권으로 쏘아 올린 적이 있었어. 그래서 소련에서는 미국보다 앞서 나가기 위해 동물이 우주 궤도를 비행하는 동안 몸에 어떤 변화가 있는지를 관찰하자는 계획을 세운 거야.

　모스크바 시내에서 떠돌이 개로 살던 라이카가 우주로 날아갈 동물로 선택돼 훈련에 들어갔어. 라이카는 우주선 안에서 몸이 어떤 변화를 겪는지 확인할 수 있도록 전극과 전선을 몸에 붙이고 좁은 장소에서 자고 정해진 시간에 먹이를 먹었지.

라이카가 훈련받을 때의 모습이야.

　라이카가 타고 갈 인공위성은 산소 발생기, 이산화탄소 제거 장치 등이 달려 있고 물과 음식이 공급되도록 설계되었어. 소련의 계획은 지구 밖을 도는 스푸트니크 2호 안에서 라이카가 6일 정도 생존하다가 정해진 약물 주입에 의해 고통 없이 삶을 마치게 하는 거였지. 마침내 11월 3일, 라이카는 맥박, 호흡, 체온 등의 변화를 지상의 관제탑으로 송신하는 장치에 꽁꽁 묶여 우주로 날아갔어.

　당시 소련에서는 라이카가 계획대로 살아 있다가 고통 없이 죽었다고 발표했어. 하지만 세월이 한참 흐른 2002년에 발표된 사실은 달랐어. 라이카는 인공위성 속도가 너무 빠르고 내부 온도가 지나치게 올라간 탓에 비행을 시작한 지 5~6시간 만에 죽었다고 해. 아무 도움도 받지 못한 채 공포에 질려 울부짖다 끝나 버렸을 라이카의 마지막 순간을 생각하니 슬퍼진다.

　라이카 이후에도 동물들을 우주로 내보내 우주 비행의 안전을 확인하는 실험이 몇 번 더 진행되었어. 1960년에는 '벨카'와 '스트렐카'라는 이름의 개 두 마리가 궤도 비행을 마치고 지구로 무사히 살아 돌아왔지. 그로부터 1년 후 비로소 사람이 우주선에 탑승하기 시작했어. 하지만 여전히 다양한 동물들이 갖가지 임무를 받고 우주 동물의 역사를 이어가고 있어. 개와 고양이는 물론 붉은털원숭이, 쥐, 귀뚜라미, 뱀, 달팽이, 심지어 바퀴벌레까지 훌륭한 비행사가 되어 주었지. 2007년에 미국에서 쏘아 올린 우주선에 탑승했던 바퀴벌레 중 한 마리는 새끼를 갖는 데 성공했어. 우리나라 최초의 우주인 이소연 박사가 2008년, 우주로 날아갔을 때는 초파리들이 함께 갔다가 돌아왔지.

　동물 실험을 거치지 않고 사람을 먼저 우주선에 태웠다면 어땠을까? 동물들이 겪은 위험한 상황을 사람들이 겪었을 테고 그 과정에서 여러 사람이 다치거나 죽었을지도 몰라. 사람들이 좀 더 안전한 상황에서 우주로 나아갈 수 있게 된 이유는 동물들의 희생 덕분인 거 맞지?

인간을 위해, 인간에 의해 사라져 가는 동물들

우주 비행 외에도 실험에 이용되는 동물 이야기를 찾기는 쉬워. 그만큼 사례가 많기 때문이지. 오랫동안 사람들은 동물 실험을 당연한 일로 생각했어. '인간이 만물의 영장'이라는 말이 진리처럼 여겨지던 시대에는 동물이나 식물은 인간이 얼마든지 이용해도 되는 존재라는 인식이 강했어. 동물이 태어나고 살아가는 이유가 인간을 위해서라고 말해도 반대 의견을 내는 사람이 거의 없었지.

기원전 고대 그리스에서 학자들은 동물을 통해 해부학을 연구했어. 16세기 들어 죽은 사람의 몸을 열어 보고 체계를 쌓아 가는 인체 해부학이 발전하기 전까지 동물 해부는 계속되었어. 의과 대학 등 학교 실험실에서는 지금도 동물 해부를 하고 있지. 인간이 병을 치료하고 의학 지식을 발달시키는 데에 동물들에게 큰 빚을 지고 있는 셈이야. 얼마 전, 덴마크의 한 동물원에서는 관람객들에게 해부 장면을 보여 주기도 했어. 많은 사람들의 비판 속에서도 그 동물원의 입장은 분명했지.

"해부 장면을 보여 주는 것은 많은 사람들과 지식을 나누자는 차원입니다.

덕분에 다른 곳에서 동물 해부를 덜 해도 된다면 좋은 일이지요."

우리나라 동물원에서 이런 일이 생긴다면 사람들은 어떤 반응을 보일까?

또 약품이나 화장품 등의 특정 성분이 몸에 미치는 영향을 관찰하려고 동물 실험을 하기도 해. 우주로 동물을 먼저 보낸 이유 또한 '사람'을 위해서였듯, 처음부터 사람을 대상으로 실험하다 어떤 결과가 나올지 알 수 없으니까 말이야.

그런데 우리 눈으로 보기에도 그렇지만 사람과 동물은 생각보다 많은 차이가 있기 때문에 동물 실험 결과를 인체에 그대로 적용하기는 어려워. 그래서 동물 실험을 할 때에는 2종 이상의 고등 동물을 대상으로 해. 그만큼 더 많은 동물이 실험으로 희생되는 셈이지.

최근 나온 기사를 볼까? '비글'이라는 종류의 개가 고통을 잘 참는다고 알려져 다양한 실험에 쓰인다고 해. 고통을 잘 참는 동물이 필요하다는 것은 실험이 그만큼 동물에게 괴롭다는 뜻이겠지. 조사 결과에 따르면 지금까지 한

국에서 실험에 투입된 비글이 15만 마리나 되는데 그중에서 실험이 끝난 후 살아남은 비글은 20마리 정도래. 거의 모든 비글이 실험 도중 사망하거나 안락사 당한다는 얘기지.

'사람에게 도움이 되려는 실험이니까 동물들도 거의 다 살아야 하는 거 아닌가?'

이런 궁금증이 떠오르는 친구들도 있을 거야. 몇 년 전까지만 해도 나 또한 그랬지. 실험이 동물에게 크게 해가 되지 않을 거라고 생각했어. 그런데 실험 과정이나 결과는 그렇지 않아.

실험동물로 자주 등장하는 흰쥐 중 일부는 몸에 암 덩어리를 주렁주렁 달고 태어나 암 연구에 이용되기도 하고, 유전자 변형 연구를 위해 처음부터 비정상적인 상태로 세상에 나오기도 해. 이런 쥐들은 실험을 거치는 동안 대부분 죽고 말아.

2017년 1월에 반가운 뉴스가 발표되었어. 세계 최초로 인공 피부 개발에 성공했다는 소식이었지. 혈관까지 포함된 인공 피부여서 동물 실험을 줄이는 데 도움이 될 거라고 예상되고 있어. 7월에는 일본에서 인간의 장기 기관을 본뜬 모델이 들어 있는 작은 칩이 개발되었대. 이 기술들이 제대로 활용되면 새로운 의약품을 만드는 데에도 동물 실험이 줄어들거나 사라질 수 있지 않을까?

더 많은 사람들이 생각을 바꾸어 모든 동물이 실험에서 해방되는 날이 빨리 오면 좋겠다.

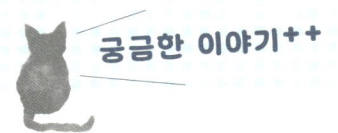 궁금한 이야기++

사람들 기억 속에 남은 라이카

러시아의 수도 모스크바에 가면 최초의 우주 개 라이카의 동상이 세워져 있어.

스푸트니크 2호 발사 50주년을 기념하며 세워진 이 동상은 우주 로켓 형태인데 약 2미터 높이야. 윗부분에 라이카가 서 있지. 라이카의 이름은 소련의 우주 개발 기념비에도 새겨져 있고 우표로도 발행되었어. 라이카를 소재로 삼은 그림책도 있고 노래도 종종 나오는 등 이 '우주 개' 이야기는 다양한 작품으로 만들어져 많은 사람들에게 감동을 주고 있어.

모스크바에 세워진 라이카 동상과 1959년도에 발행된 우표야. 인간이 우주에서 자유롭게 비행하는 시대가 되었지만 라이카를 기억하는 사람들의 마음은 여전하겠지?

동물 실험에 관한 법은 어떤 내용일까?

실험동물에 관련된 내용은 법으로도 정해져 있어. 법에는 실험동물을 '동물 실험을 목적으로 사용 또는 사육되는 척추동물'에 한정하고 있는데 동물 실험을 대체할 수 있는 방법을 우선적으로 고려하라는 내용도 포함되어 있어. 그러니까 다른 방법이 있다면 동물을 이용한 실험을 피하라는 의미야.

지난 2013년 3월부터 유럽연합에서는 화장품의 원료부터 완제품까지 전 생산 과정에서 동물 실험이 금지되었어. 우리나라도 2017년 2월부터 호주, 브라질, 유럽연합과 마찬가지로 동물 실험을 한 화장품이나 화장품 원료의 유통과 판매를 금지하고 있어. 화장품의 안전성을 위해 동물을 이용하지 않겠다는 방침도 마련했단다.

동물 실험을 하지 않은 화장품에 세계적으로 쓰이는 마크야. 북미 지역의 8개 동물보호단체가 모여 화장품 실험에 가장 많이 사용되는 토끼를 형상화해 만들었지. '크루얼티 프리(Cruelty free)'라는 문구는 학대(Cruelty)가 없다(free)는 뜻이란다.

실험에 이용된 동물들은 어떻게 될까?

2016년 우리나라에서 실험에 쓰인 동물은 약 288만 마리야. 이 중 쥐나 햄스터가 약 263만 마리로 전체의 91퍼센트 정도이고, 토끼는 약 4만 마리, 개는 약 1만 마리, 고양이는 500마리 정도이지.

실험에 쓰인 동물들은 대부분 안락사를 당하고 있어. 동물보호법에서 '동물 실험이 끝난 후 회복될 수 없거나 지속해서 고통을 받는 경우 가능하면 빨리 고통을 주지 않는 방법으로 처리하여야 한다'고 규정하기 때문이지. 문제는 건강에 이상이 없는 동물까지도 전부 안락사되고 있다는 거야.

뉴욕을 포함한 미국의 여러 주에서는 회복된 실험동물을 의무적으로 가정에 분양해야 해. 유럽연합에서도 실험동물을 가정에 입양시키거나 적절한 사육 기관으로 보내 안락사를 막고 있지.

우리나라도 실험 후 건강을 되찾은 동물을 가족의 품으로 보낼 수 있도록 법을 개정하려 노력하고 있어. 앞에서도 말한 것처럼 어린 새끼를 분양받으려는 사람이, 아픈 기억을 가진 실험동물이나 유기동물을 입양하려는 사람보다 훨씬 많다는 문제가 함께 해결되어야 하겠지.

"어쩌지?"

안녕, 난 화장품 매장에서 일하고 있어.

어제 이야기야. 띠링! 풍경 소리와 함께 유리문을 밀고 초등학생 두 명이 들어왔어. 친구 생일 선물을 사러 왔다면서 분홍빛 틴트를 찾더라고.

"제 친구가 핑크색 팬이거든요."

두 친구는 직접 발라 보며 열심히 골랐지. 갑자기 한 친구가 물었어.

"언니, 근데 이거 동물 실험 해서 만든 거 아니에요? 그럼 안 살래요."

엄마 친구가 동물보호단체에서 일한다는 그 친구는 얼마 전 동물 실험에 대한 이야기를 듣고 결심을 했다는 거야. 동물 실험으로 만든 물건은 사지 않겠다고 말이야.

결국 그 친구는 화장품을 사지 않고 친구를 설득해 가게를 나갔어. 난 잠시 생각에 잠겼어.

사실 나도 고등학생 때 동물 실험 화장품은 쓰지 않기로 마음먹은 적이 있었어. 움직일 수 없는 통에 들어가 얼굴만 내밀고 실험을 당하는 토끼들 사진을 보고 충격받았거든.

우리나라는 화장품을 만들 때 동물 실험을 못 하게 되어 있어. 하지만 우리 가게를 포함한 수입 화장품 회사들 중에는 동물 실험을 하는 곳이 적지 않아.

특히 우리나라 화장품 수출 대상 1위 국가인 중국에는 동물 실험을 거친 화장품만 수출할 수 있어. 미국과 일본도 일부 제품에 동물 실험 자료를 요구하고. 그러니 상품을 팔아 수익을 얻어야 하는 기업에서 중국이나 미국, 일본 시장을 포기하기가 힘들지.

나도 동물 실험이 사라졌으면 좋겠고, 동물을 괴롭히는 화장품은 안 팔고 싶기도 해. 길냥이들 밥을 챙기다 어느 틈에 절반은 동물운동가가 되어 버린 친구가 있어. 그 친구는 우리 가게 화장품이 동물 실험을 거친다는 사실을 알려 주며 가끔 안타까운 표정을 지어. 그 눈빛을 볼 때마다 나도 마음이 불편해져. 나는 어쩌면 좋을까?

동물 실험 하는 화장품을 판매하며 고민 중인 언니가

푸아그라의 비밀

식용 사육 동물

아마 오리를 모르는 친구들은 없겠지? 오리는 계절에 따라 사는 곳을 바꾸는 철새 오리와 한곳에서 살아가는 텃새 오리가 있어. 야생 오리를 길들여 가축으로 만든 것을 '집오리'라고 해. 고대 이집트에서는 기원전 2000년경부터, 유럽에서는 기원전 100년경부터 오리를 사육했다고 하지. 우리나라의 집오리는 언제인지는 정확하지 않지만 중국으로부터 전해졌다고 해.

닭은 약 3~4천 년 전부터 사람이 기르기 시작했다고 알려져 있어. 우리나라에서는 약 2000년 전부터 닭을 사육했다는 기록이 있단다.

닭과 오리 모두 음식의 재료가 되는 동물들이야. 후라이드 치킨, 양념 치킨, 닭발볶음, 오리구이. 고유한 습성을 가지고 살아가는 한 생명이 '음식'으로 이름표를 바꿔 달고 우리 식탁에 오르지.

이런 동물들을 그저 음식 재료라고 생각하며 관리하면 될까? 아니면 우리처럼 살아 숨 쉬는 생명체라고 생각하며 키워야 할까?

'푸아그라'라는 요리를 먹어 본 적 있니? 프랑스의 전통 요리로 유명한데 거위의 간으로 만들어. 푸아그라는 고대 이집트 때인 약 4,500년 전부터 먹었다고 해. 철새인 야생 거위는 계절이 바뀌어 이동할 무렵이 되면 여행에 필요한 에너지를 몸속에 저장하느라 엄청나게 많이 먹거든. 그렇게 만들어진 에너지는 간에 지방으로 쌓이는데 이때 거위를 잡으면 특히 맛있는 간을 먹을 수 있지. 물론 사시사철 맛있는 간을 얻어 낼 방법도 있었어. 옛날 이집트 사람들은 거위에게 강제로 무화과를 먹여 더 뚱뚱한 지방간을 만들어 냈지. 그렇게 만든 요리가 바로 푸아그라야.

요즘에는 거위 대신 오리의 간을 많이 쓰는데 거위 간보다 저렴하면서도 맛에서는 뒤처지지 않기 때문이야. 비싸지만 사람들에게 인기 많은 푸아그라를 많이 공급하려고 오늘날의 농장들도 이런저런 방법을 사용하곤 해.

몇 년 전 프랑스에서는 오리 농장 주인이 동물보호단체로부터 고발당해 법정에 선 일이 있었어.

"오리 목구멍에 튜브를 끼우고 사료를 들이부었다는 게 사실입니까?"

"간을 크게 만들어 팔기 위해 좀 많이 먹였을 뿐입니다."

농장 주인은 푸아그라가 될 오리의 간을 보통보다 열 배쯤 크게 만들려고 했지. 오리를 비좁은 철창 안에 가둔 채 배가 터질 것 같은데도 쉼 없이 사료를 넘기게 했어. 오리들은 온몸에 종기가 날 정도로 견디기 힘든 상태가 되었지.

어떤 농장에서는 거위나 오리의 뇌에 전기 자극을 주어 포만감과 식욕을 조절하는 부위를 파괴해 계속 먹도록 만들어. 화학 물질을 뇌에 주입해 배부름을 못 느끼게도 하고. 푸아그라가 제아무리 맛있다 해도 오리와 거위에게 그렇게까지 하면서 우리가 요리를 즐겨야 하는 걸까?

사람이 동물에 속하는 존재라는 것은 다들 알 거야. 하지만 우리와 같이 '동물'이라는 한 울타리 안에 있으면서도 생명을 가진 존재로서 존중받지 못하는 동물들이 많아. 음식의 재료가 되는 동물들도 그중 하나이지. 간을 키우려고 고통받는 거위나 오리처럼 우리나라에서도 인간에게 먹을거리를 제공하기 위해 고통받는 동물 이야기를 자주 볼 수 있어.

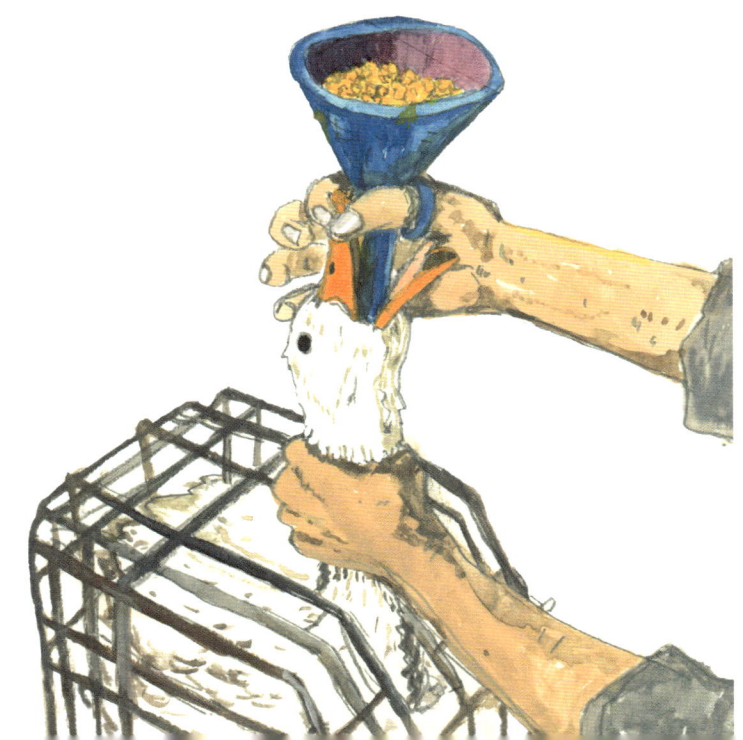

2017년 8월, 대한민국이 발칵 뒤집히는 사건이 있었어. 벌레를 잡기 위해 뿌리는 살충제 성분이 우리가 먹는 달걀에서 검출된 거야. 알다시피 우린 벌레가 아니잖아? 독약이나 마찬가지인 약물이 우리 몸속에 들어간다고 생각하면 기분이 좋을 수는 없지.

기분만 상하고 끝날 일이 아니야. 이번에 문제가 된 피프로닐이라는 성분은 일시적으로 사람 몸속에 흡수되면 몸에 경련과 떨림이 나타날 수 있어. 장기간 반복적으로 흡수되면 간에 병이 생길 수 있고 두통에 시달리거나 감각 기관에 이상이 생기고, 장기 손상까지 일으킬 수 있지.

벌레도 아닌 달걀에 살충제를 뿌릴 이유가 없는데 왜 살충제 성분이 나온 걸까? 더구나 피프로닐은 개나 고양이 몸에 있는 벼룩이나 진드기를 제거하는 성분으로 닭에게는 사용조차 금지되어 있는데 말이야.

이유는 바로 닭이 자라는 환경 때문이었어.

물건을 쌓아 두는 창고보다 못한 농장

닭들이 어떻게 살고 있는지 본 적 있니? 닭을 키워 고기로 공급하고 닭이 낳은 달걀을 내다 파는 양계장 대부분은 아주 좁은 공간에 닭을 가둬 사육하고 있어. 이렇게 좁은 곳에서는 대체로 닭 한 마리에게 제공되는 공간이 공책 크기만 한 정도의 면적이라고 해. 게다가 배설물을 치우기 쉽도록 바닥을 철

망으로 만들었지. 좁디좁은 닭장 안에서 닭들은 제대로 서 있지도 못한 채 평생을 살게 된단다.

원래 닭은 여기저기 돌아다니며 둥지를 짓고 알을 낳는 동물이야. 흙을 파헤쳐 지렁이 같은 벌레를 잡아먹으며 시간을 보내고, 흙 목욕을 해서 몸에 붙은 진드기를 떼어 내기도 해. 닭은 날 수 없는 동물이지만 이처럼 자연 상태에 있을 때는 날개를 퍼덕거리며 달리기도 하지. 횃대에 올라 꾸벅꾸벅 졸면서 해바라기도 하고 때때로 꼬꼬댁 울어 대기도 해.

그런데 요즘 대부분의 닭은 본래의 습성대로 살아갈 수가 없어. 좁은 공간

1950년대 이스라엘의 한 양계 농장이야. 좁은 철창으로 이루어진 닭장은 20세기 중반부터 북미와 남미, 유럽 등 세계 곳곳에서 사용되었어. 유럽연합과 캐나다 등에서는 이러한 형식의 닭장을 점차 폐지하겠다는 법안이 나오기도 했지.

에서 맘껏 날개를 펴지도 못하고 편하게 앉거나 서지도 못하지. 진드기가 몸에 붙어도 흙 목욕은 커녕 떼어 내기 위해 몸을 뒤척일 수도 없으니 살충제를 뿌릴 수밖에 없어. 그 과정에서 가축에게 뿌려서는 안 되는 강력한 살충제가 사용된 거야.

  병아리들은 어떻게 살까? 양계장의 부화장에서 깨어난 병아리들은 건강한 암컷만 살아남게 돼. 수컷이나 온전하지 않은 암컷은 태어나자마자 죽이지. 살려 봐야 알도 낳을 수 없고, 식용으로도 가치가 없기 때문이야. 이렇게 부화장을 벗어나지도 못하고 죽는 병아리가 수억 마리나 돼.

  우리나라 사람들이 가장 많이 먹는 동물인 돼지도 닭의 처지와 크게 다르지 않아. 새끼를 낳는 일을 하는 암퇘지는 분만을 하고 나서 4주 동안 좁은 우리에서 새끼에게 젖을 먹여 키워. 그 후 새끼들은 본격적으로 살을 찌우기 위해 어미와 떨어져 지내게 돼. 어미 돼지는 다시 새끼를 갖고 낳아 키우고 헤어지는 과정을 반복하지. 축사는 방향을 돌릴 수도 없을 만큼 좁아서 암퇘지는 몸을 틀거나 제대로 움직이지도 못한 채 새끼 낳는 일을 계속해야 해, 마치 기계처럼.

  우리나라 사람 한 명이 한 해 동안 135컵 정도 마신다는 흰 우유. 그 우유를 제공하는 젖소는 어떨까? 안락한 환경에서 건강에 좋은 풀을 뜯으며 자유로운 삶을 누리는 젖소들도 있겠지만 많은 젖소가 닭이나 돼지처럼 비좁은 울타리에 둘러싸여 있어. 어떤 소들은 기계 장치에 의해 사료와 필요한 약품을 공급받고 몇 시간에 한 번씩 우유를 짜며 살아. 사람이 먹을 고기를 제공

하기 위해 사육되는 소의 경우도 크게 다르지 않지.

닭, 돼지, 소가 살아가는 모습을 읽으니 어떤 기분이 드니? 만약 우리가 이런 동물들처럼 움직이지도 못할 만큼 작은 집에서 살아야 한다면 어떨까? 그런 환경에서 몸과 마음의 건강을 유지하기는 어려울 거야. 너무 좁은 집이 답답해 자꾸만 밖으로 나가고 싶겠지. 하지만 사육당하는 동물들은 마음대로 나가서 바깥 공기를 마시는 건 꿈도 꿀 수 없어.

무엇보다 그렇게 지내는 동물들이 얼마나 스트레스를 받을까 생각하면 아찔해. 가끔 몸이 아파 병원에 가면 의사 선생님이 자주 하는 말이 "스트레스 줄이고 마음 편히 지내세요"더라고. 나만 그런 건 아닐 거야. 좁은 우리에 갇힌 동물들도 의사 선생님이 본다면 스트레스를 줄여야 한다는 얘기를 어마어마하게 들을 것만 같아. 농장에서 기계처럼 사육된 동물을 먹는 우리는 괜찮은 걸까?

"이런 닭이나 돼지, 소고기는 절대 안 먹을 거예요."

이렇게 말하는 친구들의 목소리가 들리는 것 같아. 그런데 문제가 그렇게 단순하지가 않아. 이런 방식으로 동물들을 키우기 때문에 우리는 치킨 한 마리를 만 원도 안 되는 가격으로 먹을 수 있고, 삼겹살 1인분에 5천 원인 식당도 운영될 수 있는 거야. 식재료가 되는 동물을 모두 자연과 비슷한 환경에서 편안하게 살게 한다면 보통 사람들은 달걀 하나도 마음대로 사 먹지 못할 날이 올지도 몰라. 그렇다고 모두 채식주의자가 될 수도 없는 일이고, 어쩌면 좋을까?

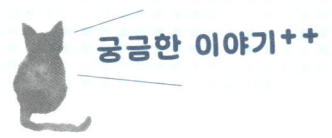 궁금한 이야기++

동물을 생각하는 농장을 만들기 위한 노력들

유럽연합은 1970년대부터 '공장식 축산' 즉 좁은 공간에 가축을 최대한 많이 넣고 기르는 방식을 금지하는 정책을 계속 확대하고 있어. 2012년부터는 닭이 평생 한 번도 땅을 밟을 수 없게 만든 폐쇄형 닭장이나 돼지를 가둬 기르는 스톨 사용을 금지했어. 닭이 빨리 자라게 하려고 먹이는 성장 촉진제나 항생제 사용도 전면 금지했지. 미국도 환경 개선 장려 프로그램을 마련해 항생제는 수의사 처방에 의해서만 사용하게 하고 있어.

우리나라에서도 여러 가지 노력을 기울이는 중이야. 동물복지 기준에 따라 인도적으로 동물을 사육하는 농장에게는 '동물복지 축산농장 인증마크'를 부여해. 마찬가지로 기준을 잘 지키며 만들어진 축산 제품에는 '동물복지 축산물' 표시를 하지. 인증을

동물복지 농장과 축산품에 쓰이는 마크

받으려면 동물이 길러지는 환경, 운송, 도축되는 과정 등 여러 단계에서 체계적으로 관리 기준을 따라야 해. 동물복지 양계장의 경우 좁은 닭장이 아니라 정해진 넓이의 공간에 닭을 방사해 키워야 하지. 다른 닭을 공격할까 봐 부리를 자르는 일이 있어서는 안 되고 개별 산란장을 제공해야 하는 등 지켜야 할 규정이 많단다.

바뀌는 동물 농장 관련법에 따르면?

농장에서 키워지는 동물과 관련된 법은 '동물보호법'과 '축산법'이 있어. 최근 개정된 축산법에는 닭들을 키우는 철제 우리 크기가 지금보다 1.5배로 크게 조정된 점이 눈에 띄어. 하지만 법이 시행되면서 지은 지 얼마 되지 않은 계사까지 모두 허물고 다시 지어야 한다는 우려가 나오고 있어. 사육 환경이 크게 개선되진 않고 추가 비용이 발생해 달걀 가격만 오를 것이라는 목소리도 있단다.

동물도 우리와 다를 게 없다고?

해리 할로라는 심리학자가 어미를 잃은 새끼 원숭이를 관찰하는 실험을 했어. 우유병이 달린 철사 원숭이와 젖병이 없는 헝겊 원숭이 인형을 새끼에게 주었지. 새끼 원숭이가 젖병이 달린 철사 원숭이 인형에 매달려 있을 거라고 예상했어. 그런데 원숭이는 우유를 먹을 때 말고는 내내 헝겊 인형을 안고 있었어. 추위 때문인가 싶어서 철사 원숭이 안에 전구를 달아 난방을 해 주었지만 마찬가지였어. 새끼 원숭이는 배고픔을 채우는 것보다 어미에게서 느낄 수 있는 포근함이 더 좋았던 거지.

또 다른 고아 원숭이들을 데려다 잘 먹여 키워 봤지만 정서 장애가 생겼대. 원숭이가 사회에 적응하는 것도 소통하는 것도 어려워한다는 결과가 나왔지. 사회적으로, 정서적으로 '소통'하지 않으면 먹이가 풍부하고 사육 환경이 좋아도 문제가 생긴다는 사실을 알게 된 실험이었어. 이런 결과는 이후 다른 동물을 대상으로 한 실험에서도 확인되었지. 결국 동물도 사람과 다르지 않다는 사실, 잊지 마!

"커피 똥 싸는 기계는 되기 싫어!"

"안녕" 하고 인사하고 싶지만 난 전혀 안녕하지 못해. 일주일 전부터 비좁은 철창 안에 갇혀서 커피 열매만 먹고 있거든.

옆 철창에 있는 언니는 여기서 지낸 지 2년이 넘었대. 다른 먹이는 구경도 못 한 채 커피 열매만 먹다 보니 기운이 없는지 초점 없는 얼굴로 누워 있기만 해. 다른 고양이들도 비슷해.

우리가 이렇게 지내야 하는 까닭은 바로 커피 때문이야. 사람들이 마시는 커피 중에서 최고로 비싼 커피가 나 같은 사향고양이가 만들어 내는 '루왁 커피'래. 루왁 커피가 어떻게 만들어지는 줄 아니?

루왁 커피를 만들려면 먼저 사향고양이, 그러니까 내가 커피 열매를 먹어야 해. 커피 열매가 배 속에서 소화되는 동안 과육이랑 껍질이 벗겨지고 커피콩만 남아 똥과 함께 밖으로 배출돼. 이렇게 밖으로 나온 커피콩을 씻어서 구운 뒤 갈아서 뜨거운 물로 내리면 사람들이 좋아하는 루왁 커피 완성!

루왁 커피는 가장 비싼 커피 축에 드는데 100그램에 10~40만 원 정도 된대. 꽤 좋다는 커피도 보통 100그램에 2~3천 원이면 살 수 있으니까 그야말로 금 커피라고 해도 될 거야. 이렇게 비싼데도 루왁 커피의 독특함 때문인지 마시려는 사람들의 숫자는 늘어나는데 생산량은 늘리기가 어려워. 나와 내 친구들 즉, 사향고양이의 똥을 야생에서 구하기가 힘들기 때문이지. 커피 열매 1킬로그램을 먹었을 때 나오는 커피 양이 30그램 정도인데다 금방 배설한 똥이어야만 썩기 전에 커피로 만들 수가 있어. 결국 고양이 똥을 찾아다니던 사람들이 고양이를 잡아다 가두고 커피 열매를 먹이기 시작했지.

나는 여기서 지낸 지 이제 일주일쯤 되었는데 7년쯤 지난 것 같은 기분이야. 커피 열매는 쳐다보기도 싫은데 농장 사람들은 다른 먹이는 줄 생각도 안 하고 커피 열매만 많이 먹이려고 안간힘이지.

어떻게든 여기서 나가고 싶지만 철창이 너무 튼튼해서 몰래 탈출하기는 어려울 것 같아.

그래서 커피 열매를 먹지 않고 단식 투쟁을 할까 생각 중이야.

얼마 전에는 농장 주변이 시끌시끌하더니 사람들이 한목소리로 외치는 소리가 들리더라.

"사향고양이를 기계로 만들지 맙시다!"

"고양이를 학대해서 만든 루왁 커피 먹지 맙시다!"

그 사람들 말이 이루어져서 예전처럼 숲 속에서 살 수 있게 된다면 얼마나 좋을까!

커피 똥 그만 싸고 싶은 사향고양이가

나의 살던 고향은

+ 동물원 동물

어릴 적 내 기억에 동물원은 참 신기한 곳이었어. 개나 고양이는 주위에서 쉽게 볼 수 있지만 텔레비전 속에서나 보던 동물들은 동물원에 가야 눈으로 직접 볼 수 있었으니까. 기다란 코로 과일을 집어 먹고 뿌우 소리 내며 귀를 펄럭이던 코끼리, 북극에만 살고 있다는 하얀 털의 북극곰, 사육사의 구령에 맞춰 힘차게 뛰어오르는 돌고래 등 우리 주변에서 쉽게 볼 수 없는 동물들을 만날 수 있는 곳이 바로 동물원이야. 동물을 좋아하는 친구들은 물론, 썩 좋아하지 않는 친구들도 부모님 손에 이끌려 한두 번은 가 봤을 걸. 그런데 동물원에 사는 동물들, 행복할까?

　혹시 동물원이 처음 어떻게 생겨났는지 궁금한 적 없었니? 16세기 후반, 유럽으로 시계를 돌려 보자. 그 당시 사람들은 지금처럼 해외여행을 자주 다닐 수 없었고 텔레비전은 아예 없었고 책을 구하기도 어려웠어. 희귀한 야생 동물이나 다른 나라에서 사는 동물을 마주할 기회가 거의 없었지. 희귀한 동물이 나라 간 선물이었다는 이야기는 앞에서도 했지? 그렇게 다른 나라에서 선물로 받거나 전쟁에서 이겨 특이한 동물을 얻은 왕은 사육사를 시켜 궁 안에서 그 동물들을 돌보게 했지. 궁궐 동물원이 만들어진 거야.

　궁궐 안에 사는 동물은 아무나 볼 수 없었어. 궁 안에 들어가는 것조차 아무나 할 수 없는 시대였으니까. 신기한 동물에 대한 소문은 궁궐 담장을 넘어 솔솔 흘러나왔고 사람들은 그런 동물을 궁금해했지. 그러자 궁 안에 있을 법한 희귀한 동물들을 이용해 돈을 벌려는 사람들이 생겨났어. 그들은 여기저기서 구한 신기한 동물들을 마차나 기차에 싣고 다니면서 돈을 받고 사람들에게 구경시켜 주었지. 이걸 '이동 동물원'이라고 해.

　"저 사람은 무섭지도 않나? 저렇게 큰 뱀을 목에 걸다니."

　"어서 가 보자. 저 원숭이랑 악수할래."

　웬만한 어른도 한입에 꿀꺽할 것 같은 커다란 방울뱀이나 목이 긴 기린, 얼

핏 보면 어린아이 같은 새끼 원숭이는 구경꾼들의 시선을 단숨에 빼앗았지.

  이동 동물원에서 최고로 인기 있었던 동물은 '클라라'라는 이름의 코뿔소였대. 클라라는 20년 가까이 사람들에게 사랑을 받았는데 당시 뿔 모양의 헤어스타일이 유행하고 화가의 모델이 될 정도였다니 그야말로 스타였나 봐.

  이동 동물원의 인기에 힘입어 사람들은 진짜 동물원을 만들기 시작했어. 처음에는 동물을 우리에 가둬 두고 구경하는 단순한 곳이었다가 조금씩 변화해 다양한 모습을 선보여 왔지. 코끼리나 원숭이 들의 공연도 보고 동물원 곳곳 넓은 잔디밭에서 가족들이 오순도순 소풍을 즐기기도 하면서 사람들의 동

물원 사랑은 그칠 줄 몰랐어.

그러던 사람들이 언제부턴가 동물원에 시들해지기 시작했어. 동물들이 잘 움직이지도 않고 엎드려만 있거나 우리 안을 빙글빙글 돌 뿐 관람객에게 즐거움을 주지 않기 때문이었지.

동물들이 왜 그랬을까? 동물원 우리는 야생에 살던 동물들에게는 턱없이 좁은데다 동물의 습성에 잘 맞춘 환경이 아니었던 거야. 그래서 사람들은 우리를 자연과 비슷하게 꾸며 주거나 동물을 좀 더 넓은 공간에서 지내게 해 주었어. 하지만 온전한 자연이라 할 수 없는 동물원에서 동물들이 건강하게, 제 명대로 살기 힘든 게 현실이지.

무대에 오르는 동물들

'동물원이나 수족관에서 본 동물' 하면 돌고래를 먼저 떠올리는 친구들도 있을 거야. 조련사의 신호에 따라 물속에서 뛰어올라 링을 통과하고 조련사의 뺨에 뽀뽀하고 박수도 치는 돌고래의 모습에 사람들은 환호성을 지르지.

최근에는 돌고래를 바다로 돌려보내자는 목소리가 높아지고 있어. 2012년, 서울대공원에서는 돌고래들을 이미 바다로 돌려보냈지. 쇼를 하던 돌고래들은 제돌이부터 차례로 고향인 제주 앞바다로 돌아갔어. 제돌이와 친구들이 잘 지내는 모습은 지금도 확인되고 있단다.

서울대공원의 돌고래 중 고향으로 가지 못한 녀석은 '태지' 한 마리뿐이야. 고향이 어딘지 모르는 거냐고? 태지의 고향은 일본의 '다이지'라는 곳이야. 다이지는 오래전부터 고래를 잡아 식용으로 팔거나 수족관에 넘기는 일을 해 왔던 어촌 마을이지. 요즘 전 세계 사람들의 원성을 사고 있는 곳이기도 해. 고래를 잡는 것도 문제이지만 다이지 어부들이 너무 잔인한 방법으로 고래를 잡아서 이를 반대하는 사람이 많아. 식용으로 쓸 고래는 작살을 던져 잡는데

잡힌 고래가 흘린 피로 바다가 뻘겋게 되곤 하지. 다이지 어부들이 해마다 잡는 고래는 천 마리가 넘는대. 서울대공원에 있던 태지를 다이지 앞바다에 풀어 주었다가 다시 잡혀 죽기라도 할까 봐 돌려보낼 수가 없는 거야. 일본 바다에서 살아온 태지를 제주도 앞바다에 풀어 주었다가 혹시 우리 바다의 생태계가 혼란스러워질 수도 있고 또 태지가 적응하지 못할 수도 있고 말이야.

사람들에게 잡혀 수족관으로 옮겨진 고래들은 건강하게 살기 어려워. 수족관이 아무리 넓다 해도 하루 100킬로미터 이상 바다를 헤엄쳐 다니며 살던 생활에 비하면 움직일 수 없는 감옥에 갇힌 거나 마찬가지야. 그래서인지 평균수명이 40년 이상인 고래가 수족관에서는 평균 5년을 넘기기 어렵다는구나.

서울대공원의 돌고래들은 고향으로 돌아갔지만 여전히 수많은 고래, 오랑우탄, 물개 같은 동물들은 동물원에서 온갖 쇼에 동원되고 있어. 다른 나라에서도 마찬가지지. 해외여행을 하다 보면 동물 쇼를 보게 되는 경우가 종종 있어. 솔직히 말하면 나도 예전에는 다른 나라에서 코끼리나 악어 쇼를 보고 묘기에 가까운 재주를 보여 주는 새들을 향해 박수를 친 적도 있어. 서울대공원에서 돌고래 쇼를 본 적도 있지. 그때는 왜 이런 생각을 못했을까? '저 동물들은 원래 저렇게 살던 애들이 아니잖아!' 하는 생각 말이야. 우리 안에서 오락가락 왔다 갔다 하는 호랑이를 보며 '쟤는 심심한가 보다' 하기만 했을 뿐 답답할 거라는 생각은 왜 못한 걸까?

요즘은 동물을 덜 괴롭히는 방식으로 지어지는 동물원도 있고, 동물들을 가두지 말고 가능하면 야생으로 돌려보내자는 운동을 하는 사람도 늘고 있어. 제돌이와 동료들도 그 덕분에 고향으로 가게 되었고 말이야.

우리는 벌써 수백 년 동안 동물원과 함께 살아왔어. 그러니 동물원을 전부 없애는 건 곤란할지 몰라.

"바나나 껍질을 까 먹는 원숭이가 보고 싶어요."

"아나콘다를 목에 걸고 사진 찍고 싶어요."

이런 친구들도 많을 테니까. 나도 멸종위기 동물이 동물원에서 보호받으며 안전하게 지내면 좋을 것 같아. 하지만 시멘트 바닥에 늘어져 있는 북극곰의 지친 모습은 그만 봤으면 좋겠어. 전시관을 맥없이 오락가락하는 호랑이도 마찬가지야. 발바닥이 아파 꼼짝 않고 서 있기만 하는 코끼리는 잘 치료해서 초원으로 돌려보내면 좋겠고. 숫자가 너무 많아져 기린을 안락사시켰다는 동물원 기사도 안 보고 싶어.

동물을 괴롭히는 동물원은 사라지고 동물들이 행복한 동물원이 더 많아졌으면 좋겠어. 멸종위기에 처한 동물들이 안심하고 살아가는 동물원, 병들거나 다친 동물을 치료해 다시 야생으로 돌려보내는 동물원, 우리에 넣고 구경하기보다는 그들에게 가장 어울리는 환경에서 살게 하고 사람은 멀리서 조용히 관찰하는 동물원이 많아졌으면 좋겠어. 그래서 동물원에 사는 동물들을 보며 마음이 덜 찔리고 조금 더 가벼워질 수 있으면 좋겠다.

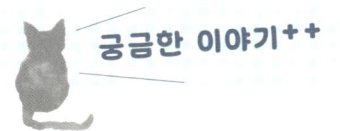 궁금한 이야기⁺⁺

최초의 동물원은 어디일까?

　동물원이 동물들을 모아 가둬 두고 사람들에게 보여 주는 곳이라는 의미에서 보면 아주 오래전부터 동물원이 있었다고 할 수 있어. 하지만 초기의 동물원은 왕과 소수의 귀족만 즐길 수 있었지. 오늘날처럼 평범한 사람도 얼마든지 찾아가 볼 수 있는 동물원은 언제 생겨났을까? 1752년 오스트리아의 쇤부른 궁전에 만들어진 동물원이 첫 번째로 꼽혀. 동물원은 1765년부터 대중에게 공개되었는데 이후 19세기가 되면서 세계 여기저기에 많이 생겨나기 시작했어. 우리나라의 첫 번째 동물원은 1909년 조선 시대 궁궐인 창경궁 안에 만들어진 창경원이야.

1800년대 말의 쇤부른동물원 모습이야.

동물이 없는 동물원이라고?

프랑스 파리에 있는 '파리 동물원'은 좋은 동물원으로 손꼽히는 곳이야. 파리 동물원의 가장 큰 특징은 동물을 보기가 어렵다는 거야. 14만 제곱킬로미터의 굉장히 넓은 동물원에는 180여 종의 동물이 각 대륙관별로 나뉘어 살고 있어. 쇠창살 대신 도랑을 깊고 넓게 파서 관람객들과 거리를 많이 떼어 놓아 동물 보기가 쉽지 않아.

게다가 행동 반경이 넓은 곰이나 코끼리를 좁은 동물원에 가둬 두는 것은 잔인하다며 '전시'를 중단하기로 했지. 파리 동물원은 사람들에게 인기 없는 동물이라도 찬밥 신세가 아니야. 개구리 두 마리가 사는 공간에도 돌, 흙, 나무를 갖춰 두고 온도, 습도도 자연에 가깝게 만들어 두었대. 우리나라 동물원들도 파리 동물원처럼, 동물 없는 동물원, 자연에 최대한 가까운 동물원으로 바뀌면 좋겠다.

파리 동물원의 개코원숭이들이야. 손부른 동물원 모습과 비교하면 동물들이 훨씬 탁 트인 곳에서 지내는 것 같지 않니?

고래잡이, 꼭 해야 하나?

매년 겨울이면 일본은 남극해에서 고래를 잡아. 유럽연합을 비롯해 아르헨티나, 뉴질랜드, 멕시코 등 많은 다른 나라는 계속해서 일본을 비판하고 있지. 일본은 고래의 습성과 행동을 연구하기 위해 잡는다지만 사실은 상업적인 목적이라는 게 반대하는 나라들의 의견이야.

세계 여러 나라는 국제포경위원회를 결성하고 1986년부터 고래 사냥을 전면 금지하기로 결정했어. 하지만 일본, 노르웨이, 아이슬란드 등에서는 '과학적 연구를 위해서는 포경을 허용한다'는 목적을 내세워 계속 고래를 잡고 있지.

특히 일본은 많은 수의 밍크고래를 잡아 고기를 시장에 내다 팔고 있어. 2014년 국제사법재판소는 일본의 고래잡이가 상업적인 포경이라 판단해서 중단 판결을 내렸지만 일본은 멈추지 않아. 예전에는 고래 고기를 꽤 먹기도 했지만 지금은 그렇지도 않고 또 많은 나라에서 반대하는데 굳이 고래를 잡는 일본, 왜 그러는 걸까?

"우리 아기도 잘 부탁해요"

안녕, 난 삼팔이야. 공연장에서 쇼를 하다가 바다로 돌아온 게 엊그제 같은데 어느새 4년이나 되었네.

이제 나는 엄마란다. 우리 아가는 나와 함께 바다로 돌아온 춘삼이의 새끼와도 잘 지내. 생각해 보면 지난 몇 년이 꿈만 같아. 긴 악몽으로 시작되는 꿈 말이야.

바다에서 친구들과 지내던 나는 어느 날 나쁜 사람들이 던진 그물에 걸려 끌려갔어. 도착한 곳은 제주도 서귀포시의 돌고래 공연장이었지. 나는 혹독한 훈련을 거쳐 무대에 오르게 되었어. 쇼도 힘들지만 살아 있는 먹이를 잡아먹으며 자유롭게 지내던 내가 죽은 물고기를 먹어야 하고 숨이 막힐 것처럼 좁은 곳에서 지내니 정말 괴로웠어.

지금 내 소원은 딱 하나야. 내 새끼가 오래오래 제주 앞바다에서 자유롭게 사는 것이지.

어디서나 사는 건 쉬운 일이 아니야. 몸집이 커서 무서울 게 없어 보이는 우리에게도 건강하게 잘 산다는 것은 힘겨운 일이란다. 환경 오염이다 뭐다 해서 이곳 바다도 예전 같지는 않아. 깨끗하기로 유명한 제주 앞바다도 예전보다 많이 더러워진데다 온도도 조금씩 올라가서 먹이도 많이 달라지고 있어. 게다가 제주를 탄소 없는 섬으로 만든다는 계획 아래 사람들이 바다에 풍력 발전소를 만들려 한대.

아직 어떤 일이 벌어질지는 모르겠지만 공연장에서 지내던 우리를 바다로 돌려보내던 그 마음 잊지 말고 우리를 괴롭히는 일은 하지 않길 바랄게. 그래야 내 하나뿐인 소원도 이루고 너희도 오래오래 바다에서 뛰어노는 우리를 볼 수 있잖아. 그렇게만 해 주면 바다에서 건강하게 살아가는 건 우리가 알아서 할게. 안녕.

새끼와 함께 행복한 날을 보내는 남방큰돌고래 삼팔이가

닫는 말

모든 생명은 평등하다

　우리와 함께 지구상에 살아가지만 사람 때문에 고통받고 괴로워하는 동물들을 만나 봤어. 인간이 생존하는 과정에서 동물의 희생은 어쩌면 피할 수 없는 일이었을 거야. 하지만 무분별하게, 무자비하게 동물을 희생시키는 일은 없어야겠지. 이제부터라도 조금씩 동물들을 생각하며 살면 어떨까? 동물들이 건강하게 살아야 우리도 건강하고 행복한 삶을 살 수 있으니까 말이야. 사람과 동물이 공존하는 방법을 찾아보자는 의미에서 동물들의 삶과 관련된 내용을 좀 더 알아보자. 아는 것이 힘이고, 아는 만큼 사랑하게 된다고 하니까. 동물을 사랑하고 동물과 함께 사는 길을 생각하는 사람, 근사하잖아!

동물권이 뭐지?

　'인권'이라는 말은 모두 익숙하겠지. 설명해 보라면 슬그머니 고개를 숙일지 몰라도 무슨 뜻인지 머릿속에 맴돌기는 할 거야. 그렇다면 '동물권'이라는 말은 무슨 뜻일까? 간단히 '동물이 갖는 권리'라는 말이야.

동물권의 의미가 구체적으로 세워진 시기는 1977년 4월로 거슬러 올라가. 스위스의 제네바에서 국제동물권리옹호연맹이 창설되었고 약 1년 후, 파리 유네스코 본부에서 세계동물권선언을 만들었어. 인간의 존엄성만큼 동물의 생존권도 존중되어야 한다는 사람들의 목소리가 하나로 합쳐져 채택된 헌장이지.

세계동물권선언의 제 1조는 이렇게 시작한단다.

"모든 생명은 태어나면서부터 평등한 생명권과 존재의 권리를 지닌다."

이 내용에는 '동물권'의 뜻을 가장 정확하게 설명하는 의미가 담겨 있어. 동물은 고통을 피할 수 있는 권리가 있고, 오락을 위한 수단으로 쓰여서는 안 된다는 것, 동물도 인간처럼 이 지구상에 존재하는 하나의 생명, 하나의 개체로서 인정되고 받아들여져야 한다는 뜻을 담고 있는 말이 바로 '동물권'인 거야.

동물 보호의 날이 있다던데?

동물들을 위해 사람들이 만든 몇 가지 기념일이 있어. 먼저 10월 4일은 세계 동물의 날이야. 1931년 이탈리아에서 열린 세계 생태학자 대회에서 '인간과 동물의 유대감을 강화하고 멸종위기에 처한 동물을 보호하자'는 뜻에서 만들었지. 매년 10월 4일이면 동물 보호를 위한 행사들이 우리나라와 세계 각지에서 열린단다.

그 외에도 세계동물권선언을 발표한 국제동물권리옹호연맹에서 만든 10월

15일, 세계 동물권 선언의 날이 있어. 세계자연보호기금에서 정한 야생 동물 보호의 날은 12월 4일이란다. 야생 동물 보호의 날은 2016년에 만들어졌는데 불법으로 야생 동물이 거래되는 일을 막자는 의미가 담겨 있지.

동물 보호와 관련된 날이 왜 자꾸 생겨나는 것일까? 멸종위기 동물과 야생 동물을 보호하려는 사람들이 그만큼 많이 늘어난다는 뜻일까? 그럴 수도 있겠지만 그만큼 동물들이 건강하고 자유롭게 살기가 어려워지고 있다는 뜻도 있을 거야. 이런 날 우리가 잠깐이나마 그날의 주인공인 동물들에 대해 알아보고 생각하는 시간을 갖기라도 하면 좋겠다. 직접 행동으로 옮겨 보면 더 좋겠지.

동물보호법, 어떤 법일까?

우리나라는 1991년에 동물보호법을 처음 제정했어. 그 뒤 몇 번의 개정을 거쳤지. '동물의 생명과 안전을 보호하여 생명 존중 등 국민 정서를 함양하는 데 이바지하기 위해 제정한다'고 되어 있어. 동물을 위해 국가나 지방자치단체가 해야 할 일도 나와 있고, 모든 국민이 동물을 보호하기 위해 국가나 시의 정책에 적극적으로 협조해야 한다고도 되어 있지.

그렇다면 '법대로'만 하면 동물을 위하는 행동을 충분히 한 걸까? 그렇지 않아. 법은 사람들이 지켜야 할 최소 한도를 정해 놓는 것이거든. 법으로 금지한 행동을 하지 않는다면 최소한 동물을 괴롭히지 않게 된다는 뜻인 거야.

현재 우리나라 법은 동물을 사람처럼 권리와 의무를 가진 존재로 인정하지 않고 물건 정도로 보고 있어. 하지만 독일, 스위스 등 유럽 여러 나라는 헌법에 동물권을 인정하는 내용을 포함시켜 동물을 인간과 함께 살아가는 존재로 보고 있지. 문제가 생겨 소송이 벌어지거나 했을 때 동물은 물론 자연 그 자체의 권리를 인정하는 경우도 종종 있어. 1979년에 미국 하와이에서는 멸종위기 조류인 팔리아가 환경단체와 함께 '원고'가 되어 서식지를 파괴해서는 안 된다는 소송을 걸어 승소한 적도 있었어. 자연물인 인도 히말라야산맥의 빙하나 뉴질랜드 왕거누이강도 마치 사람처럼 그곳을 손상하는 사람에게 법적으로 문제 제기를 할 수 있어.

우리나라 동물보호법도 동물의 안전한 삶을 더 잘 지켜 줄 수 있는 방향으로 개정되고 있단다. 언젠가는 동물의 권리가 법으로 인정받는 날도 올 거야. 그때까지는 법대로인지 아닌지를 따지기보다 동물의 입장에서 진심으로 동물을 사랑하는 행동은 무엇일지 생각하며 행동하면 좋겠다.

인간이 기르는 동물에게 필요한 5대 자유

1960년대부터 영국에서는 동물의 복지를 보장하기 위한 대책을 논의했어. 그 결과 세계 여러 나라와 동물단체가 동물원이나 사육장에서의 동물복지를 가늠하는 기준을 몇 가지 정했어. 바로 '동물의 5대 자유'란다.

첫째, 동물은 목마름, 배고픔, 영양실조로부터 자유로워야 해. 따라서 영양가 있는 음식과 신선한 물을 구할 수 없는 환경에 두면 안 돼.

둘째, 불편함으로부터 자유로워야 해. 동물에게는 살아가는 데 적절한 공간과 쾌적한 온도에서 쉴 만한 장소가 필요하단다.

셋째, 고통, 부상, 질병으로부터 자유로워야 해. 동물을 사육하는 사람은 동물이 질병에 걸리지 않거나 질병에서 벗어날 수 있도록 적절한 보살핌과 치료를 제공해야 해.

넷째, 고유의 습성에 따라 정상적인 행동을 표현할 수 있는 자유를 누려야 해. 동물은 무리 안에서 충분히 어울리며 사회적으로 상호 작용할 수 있는 환경, 또 심리적으로 지루하지 않도록 호기심을 자극할 수 있는 환경에서 지내야 해.

다섯째, 동물은 공포와 고통으로부터 자유로워야 해. 동물이 위협을 느꼈을 때 숨을 수 있는 공간이 필요하고 사육사는 동물을 존중하는 마음으로 대해야 하지.

다섯 가지 자유만 다 누릴 수 있어도 동물들은 덜 불행할 거야. 동물원이나 동물 농장에 가거든 그곳의 동물들이 자유를 누리고 있는지 우리 눈 크게 뜨고 살펴보자.

동물을 위해 내가 할 수 있는 일이 있을까?

야생 동물을 직접 구조한다거나 동물원 동물을 야생으로 보낸다거나 하는 일은 우리가 혼자 힘으로 할 수 있는 활동이 아니야. 그렇다면 각자가 할 수 있는 일은 무엇이 있을까.

예를 들어 동물에게 좀 더 나은 환경을 만들어 주려 애쓴 농장에서 만든 달

갈이나 고기를 먹는 것(이건 부모님께 부탁을 드려야겠네), 여행을 갔을 때 동물쇼를 보지 않거나 보지 말자고 부모님을 설득하기, 동네 길냥이들 괴롭히지 않고 가끔 물 한 컵 떠다 주기, 반려동물을 키울 때는 끝까지 책임지려는 마음으로 돈 주고 분양 받기보다는 유기동물을 입양해 데려오기, 동물 털이나 가죽을 이용해 만든 옷 사 달라고 조르지 않기, 동물원에서 소리 질러 동물을 부르거나 간식 등을 던져 주지 말고 조용히 관찰하기, 일회용품 사용을 줄여 환경을 덜 망가뜨리기 등등.

조금만 생각해 보면 다양한 일을 찾을 수 있을 거야. 동물을 사랑하는 마음은 이미 우리의 마음속에 자리 잡고 있으니까 말이야.

사진 및 기타 자료

51쪽 모아새와 원주민 삽화_Paul K 제공
69쪽 발해와 고구려의 수막새_국립중앙박물관
77쪽 훈련받는 라이카_연합포토
82쪽 라이카 우표와 동상_각각 퍼블릭, 연합포토
91쪽 1960년대 이스라엘의 닭 농장 모습_위키미디어
109쪽 파리동물원_Guilhem Vellut from Paris, France

참고한 도서 목록과 인터넷 사이트

정토웅, 『세계전쟁사 다이제스트 100』, 가람기획, 2010
홍성욱・서민우・장하원 외 1인, 『21세기 교양-과학기술과 사회』, 나무, 2016
피터 싱어 엮음, 노승영 옮김, 『동물과 인간이 공존해야 하는 합당한 이유들』, 시대의창, 2012
이형주, 『사향고양이의 눈물을 마시다』, 책공장더불어, 2016
유발 하라리 지음, 조현욱 옮김, 『사피엔스』, 김영사, 2015
박하재홍 글, 김성라 그림, 『돼지도 장난감이 필요해』, 슬로비, 2013
니겔 로스펠스 지음, 이한중 옮김, 『동물원의 탄생』, 지호, 2003
노진희, 『나는 행복한 고양이 집사』, 넥서스, 2011
선푸위 지음, 허유영 옮김, 『내 이름은 도도』, 추수밭, 2017
스티븐 제이 굴드 지음, 김동광 옮김, 『판다의 엄지』, 사이언스북스, 2016
김상훈, 『외우지 않고 통으로 이해하는 통세계사 1』, 다산에듀, 2011
앤서니 J. 외 3인 엮음, 곽성혜 옮김, 『동물은 전쟁에 어떻게 사용되나?』, 책공장더불어, 2017

국가법령정보센터 www.law.go.kr
국립생물자원관 www.nibr.go.kr

궁금한 이야기+
그래서 동물권이 뭐예요?

© 이정화·이동연, 2025

개정판 1쇄 발행 2025년 6월 16일

지은이 이정화   그린이 이동연
펴낸이 김혜선   펴낸곳 서유재   등록 제2015-000217호
주소 (우)04034 서울 마포구 잔다리로7길 18(서교동 377-20) 504호
대표메일 seoyujaebooks@gmail.com
종이 엔페이퍼   인쇄 성광인쇄

ISBN 979-11-89034-96-2 73300

이 책은 저작권법에 따라 보호받는 저작물이므로 무단전재와 무단복제를 금합니다.
잘못 만든 책은 구입하신 서점에서 바꾸어 드립니다.
책값은 뒤표지에 있습니다.

이 책은 2018년 출간된 『동물권』의 개정판입니다.

어린이제품안전특별법에 의한 제품 표시
제조자명 파란자전거   **제조국** 대한민국   **사용연령** 8세 이상 어린이 제품
▲ 주의 책의 모서리가 날카로우니 던지거나 떨어뜨려 다치지 않도록 주의하세요.
KC 마크는 이 제품이 공통안전기준에 적합하였음을 의미합니다.